PLAN DE KOLWEZI

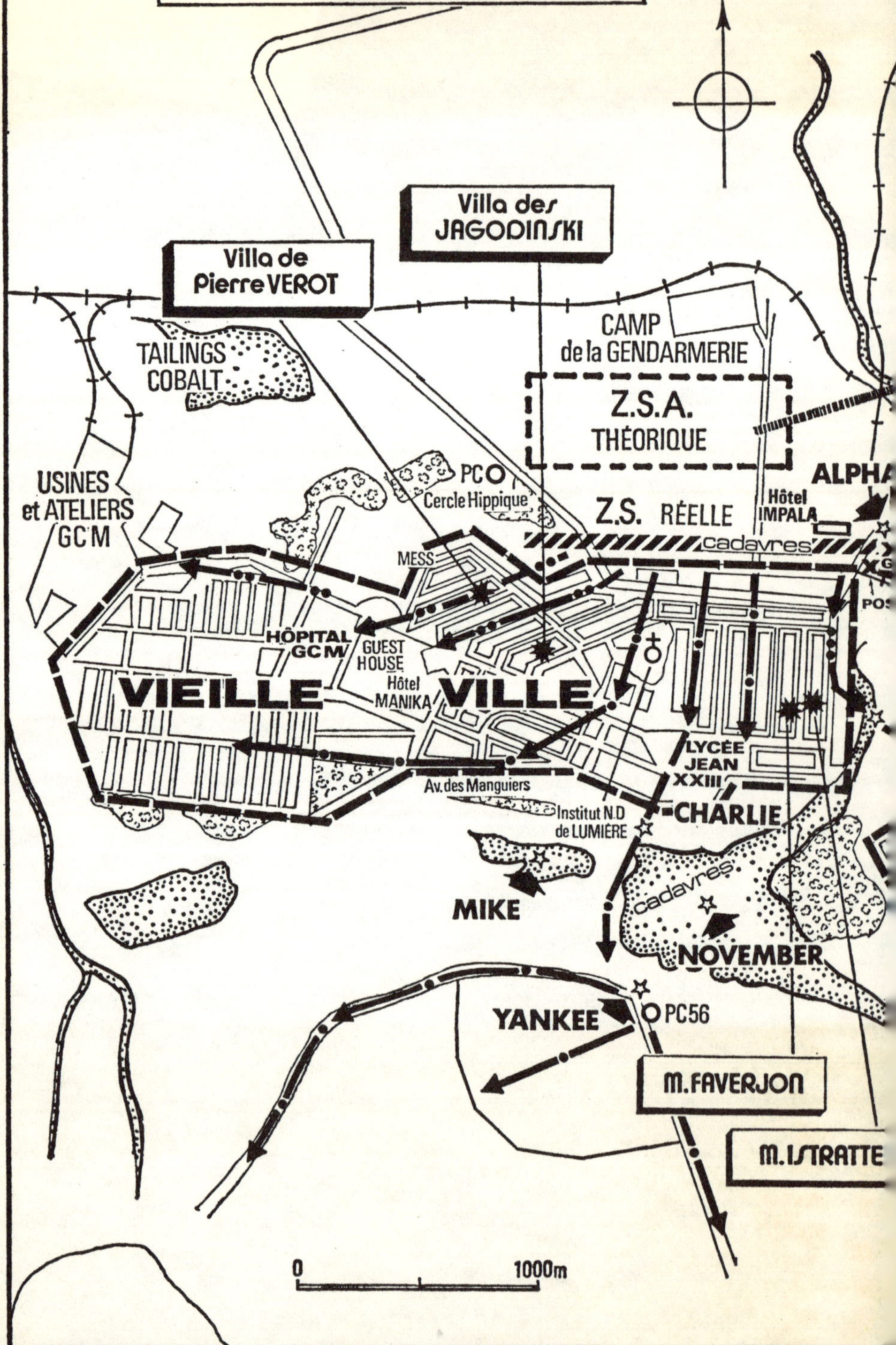

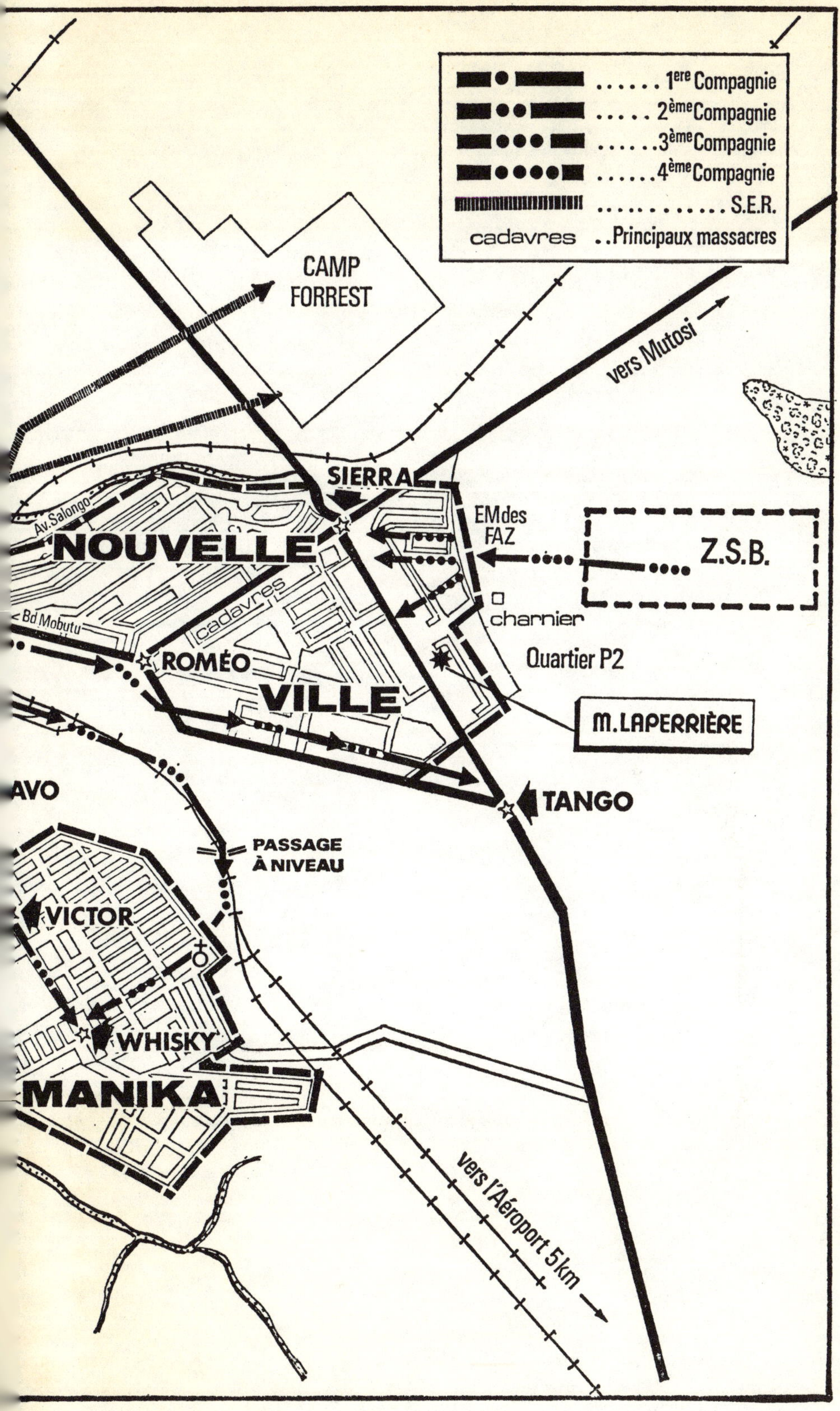

1ere Compagnie
2ème Compagnie
3ème Compagnie
4ème Compagnie
S.E.R.
cadavres . . Principaux massacres
CAMP FORREST
vers Mutosi
SIERRA
Av. Salongo
EM des FAZ
Z.S.B.
NOUVELLE
cadavres
charnier
Bd Mobutu
ROMÉO
VILLE
Quartier P2
M. LAPERRIÈRE
AVO
TANGO
PASSAGE À NIVEAU
VICTOR
WHISKY
MANIKA
vers l'Aéroport 5km

LA LÉGION SAUTE SUR KOLWEZI

PIERRE SERGENT

LA LÉGION SAUTE SUR KOLWEZI

Opération Léopard

Le 2e R.E.P. au Zaïre, mai-juin 1978

FRANCE LOISIRS
123, bd de Grenelle — Paris

Édition du Club France Loisirs, Paris,

avec l'autorisation des Presses de la Cité

ISBN 2-7242-0398-4

Ce livre est dédié à tous ceux qui, de près ou de loin, à l'instruction comme au combat, ont permis que soit écrite par nos légionnaires-parachutistes cette page à l'honneur de nos armes.

Il est plus particulièrement dédié aux victimes innocentes de Kolwezi, et à tous ceux qui ont sacrifié leur vie pour sauver d'autres hommes.

P. S.

PREMIER JOUR

SAMEDI 13 MAI 1978

I

KOLWEZI

05 heures.

Pour la Pentecôte, Henri Jagodinski avait décidé d'aller passer la journée dans son cabanon de Grand Katebé, au bord du lac et, peut-être, d'y rester pour la nuit. Angeline, sa femme, était d'accord. Les enfants pourraient se baigner et jouer avec leurs camarades, tandis qu'ils pratiqueraient le ski nautique. Rien de très nouveau d'ailleurs, c'était la même chose tous les week-ends depuis que la pénurie d'essence contraignait les habitants de Kolwezi, et d'une manière générale tous ceux du Zaïre, à limiter leurs déplacements aux stricts besoins professionnels ou domestiques.

Mais Henri Jagodinski ne se plaignait pas. Il aimait bien sa vie et concevait mal de mener, en Europe ou ailleurs, une existence étriquée de cadre moyen. Ici, à Kolwezi, entre son travail au dispatching de la mine, sa villa de l'avenue des Cassias, et son cabanon de Grand Katebé, il s'estimait satisfait. Le grand air et l'espace convenaient tout à fait à son tempérament d'homme d'action. A quarante-cinq ans, Henri Jagodinski avait une silhouette mince et nerveuse, et seules quelques rides en patte d'oie au coin des paupières indiquaient son âge.

Il était cinq heures du matin. Déjà, le soleil filtrait à travers les persiennes, un soleil jaune, lumineux, triomphant, ce soleil d'Afrique puissant et généreux, le « père » du continent noir. Deux fois déjà, dans un demi-sommeil, Henri Jagodinski avait regardé l'heure au réveil posé sur la table de chevet. A quatre heures et demie et à cinq heures moins cinq. Deux fois, après un bref regard attentif sur le visage paisible d'Angeline, étendue près de lui, il s'était rendormi. A la Gécamines, la relève des postes avait lieu à six heures, et il ne lui fallait pas plus de cinq minutes pour effectuer le trajet [1].

05 h 05.

Jacques Mascy n'avait pas bien dormi cette nuit-là. Depuis qu'il avait obtenu son congé pour le mois de juin, il comptait les jours qui le séparaient de son retour en France. Il avait le mal du pays. Bien sûr, à Kolwezi, il avait une situation qu'il n'aurait jamais pu obtenir dans sa Lorraine natale, surtout depuis que le chômage menaçait tous les ouvriers des mines de fer du bassin de Briey. Mais, pour lui, le Katanga était seulement un pis-aller.

Et puis sa femme, Danièle, s'ennuyait. Habituée depuis son plus jeune âge à une existence laborieuse de ménagère, elle était dépaysée par sa grande villa blanche, nichée au fond d'un jardin au gazon toujours vert, aux massifs de bougainvillées rouges, où tous les soins domestiques étaient laissés au boy zaïrois, un garçon mince et agile qui considérait d'un œil réprobateur toute tentative qui risquait d'empiéter sur son domaine réservé, le service.

Danièle appréciait ce ciel toujours bleu, mais ce climat toujours égal, sans surprise, lui faisait ressentir plus profondément son oisiveté, et sa solitude. Les Blancs ne se fréquentaient pas entre eux. Ils ne fréquentaient pas davantage les Noirs. Et, pour se distraire, il n'y avait même pas la télévision. On disait, à Kolwezi, que les montagnes faisaient obstacle à la diffusion des images. D'autres affirmaient que les Zaïrois avaient volé les batteries de relais...

La question de la télévision avait été déterminante dans le choix de la date de leur congé : Jacques Mascy avait envie d'assister aux retransmissions des matches de la Coupe du Monde de football. Et, déjà, Danièle préparait les cantines.

Le réveil avait sonné, ponctuel, à cinq heures. Jacques Mascy

---

1. Les domiciles des principaux personnages de ce récit sont indiqués sur le plan de Kolwezi, pp. 2 et 3.

venait de se lever, occupant la salle de bains, tandis que Danièle, dans la cuisine, faisait chauffer le café.

05 h 08.

Pour partir en Afrique, Maurice et Maryse Faverjon avaient « cassé leur tirelire » ; ils en avaient assez d'être au chômage. A Saint-Etienne, il n'y avait plus de place pour un électromécanicien, fût-il qualifié. Aussi, lorsqu'ils avaient envisagé de s'expatrier, la Caisse d'Epargne leur avait-elle avancé l'argent du voyage et de l'installation. Parti seul, Maurice était arrivé l'an passé à Kolwezi, exactement au moment où des « rebelles », venus de l'Angola, entreprenaient la reconquête de leur territoire, ce Katanga où l'on s'était déjà tant battu.

En fait, la première offensive des Katangais, en 1977, n'avait réellement inquiété personne : les rebelles avaient été stoppés après deux cents kilomètres de marche forcée à travers la savane, par l'action conjointe du corps expéditionnaire marocain et de la division d'élite « Kamanyola » rameutée *in extremis* de Kinshasa.

Depuis, la vie s'écoulait calme, presque trop calme, à Kolwezi. Maryse, qui avait rejoint son mari au mois de janvier, s'était accoutumée au climat et à l'ambiance particulière de cette cité minière, bien différente des « cités-cadres » de l'Auvergne où tous les pavillons sont accolés les uns aux autres, faute d'espace.

Au Zaïre, particulièrement au Shaba — qui désigne l'ex-Katanga — l'espace ne manque pas, et la ville ressemble davantage à un immense parc où ont été édifiées, de part et d'autre de larges avenues plantées de flamboyants, d'agréables villas, construites léger, où l'on se sent chez soi, isolé par des haies vives ou des massifs fleuris.

Le week-end, les Faverjon allaient, comme leurs collègues de la Gécamines, canoter sur le lac ou se rafraîchir à l'ombre des manguiers, au bord des piscines privées. Le reste du temps, hormis la radio, captée avec difficulté sur un poste à ondes courtes, Maryse attendait patiemment le retour de Maurice. Ensemble, ils formaient des projets pour « après », quand ils rentreraient, dans la maison qu'ils faisaient « retaper » là-bas, en Auvergne.

Hier soir, Maryse avait rappelé une réflexion que lui avait faite Jean, le boy zaïrois :

— Madame, nous allons avoir de nouveau la guerre avec l'Angola...

Maurice avait ri dans sa barbe, noire et fournie. Fort de son expérience, il avait expliqué qu'à la rigueur, les Katangais pouvaient tenter une nouvelle invasion, comme celle de l'an passé, mais qu'ils avaient plus de deux cents kilomètres de brousse à franchir avant de menacer Kolwezi... Ce détail laissait à Mobutu le temps de s'organiser.

Certes, ni Maurice ni ses amis n'avaient une très grande confiance dans les capacités militaires des forces armées zaïroises. On les voyait, ici ou là, traîner dans leurs tenues « léopard », désœuvrés, dépenaillés, se cherchant parfois querelle, surtout en fin de mois, au moment de la paie. Alors, dans la nuit résonnaient les rafales...

05 h 15.

Depuis un peu plus de cinq minutes, Pierre Vérot était levé. Chef mécanicien à la Gécamines, il mettait un point d'honneur à être à l'heure à son poste ; il estimait qu'il était de son devoir de montrer l'exemple. C'était un grand garçon sec et noueux, le visage osseux marqué par ses nombreux séjours en Afrique, un regard étonnamment clair — tantôt vert d'eau, tantôt presque doré, suivant ses humeurs, mais qui ne souriait que rarement. Pierre Vérot n'était pas de ceux qui prennent la vie comme une aimable plaisanterie.

A quarante-cinq ans, il était reparti « à zéro ». Pendant des années, il avait travaillé, ici ou là, pour réaliser son rêve : posséder, au pays, un hôtel-restaurant où il pourrait enfin être son patron, ne pas mesurer sa peine pour donner à ses deux filles une autre vie que celle qu'il avait eue.

La malchance veillait : un incendie, une mauvaise assurance, et voilà le rêve parti en fumée. Alors, Pierre Vérot avait rebâti ce qui pouvait l'être et, pour rembourser ses traites, il était venu, seul, au Zaïre. Trente mois déjà, sans manquer un seul jour, sans même rentrer en France. A Saint-Just-Malemont, le Safari, son hôtel, était presque entièrement remboursé.

05 h 20.

Etienne Ardoise venait de prendre son poste, à l'atelier de montage des machines neuves. Il avait un faible pour ces heures matinales, avant les grosses chaleurs de la journée. Car si Kolwezi, située à 1 500 mètres d'altitude, a des soirées douces et des nuits fraîches, le ciel limpide de la journée permet au soleil de donner toute sa mesure. Et Etienne Ardoise n'était pas encore tout à fait rodé au climat africain. Deux mois plus tôt, il habitait encore à Tucquegnieux, dans le « Pays Haut », près de Briey. Deux mille trois cents francs par mois, et la crainte de les perdre l'avaient lancé, à son tour, vers l'Afrique.

Pour l'instant, Etienne Ardoise n'avait pas encore envisagé de faire venir sa femme à Kolwezi, bien qu'elle en ait manifesté le désir, surtout après qu'il lui eut décrit la villa claire et spacieuse attribuée aux cadres européens, sans aucune comparaison avec le deux pièces qu'ils habitaient naguère dans la cité. Mais il n'avait pas voulu interrompre l'année scolaire de ses filles. A la rentrée, si tout allait bien, il aviserait. Il menait une vie de célibataire bien réglée, tôt couché, levé de bonne heure. Du reste, sa petite chambre nette, confortable, fonctionnelle mais sans aucune fantaisie ne l'incitait pas à prolonger ses séjours à l'hôtel Manika, le « guest-house » mis par la Gécamines à la disposition de ses cadres sans famille. Il préférait finalement l'ambiance de l'atelier avec son bruit de forge, son activité de ruche, le rude son du métal choqué, les cris des contremaîtres. A tout prendre, parler, même « petit nègre », à ses hommes d'équipe, c'était tout de même parler.

05 h 25.

Georges Laperrière avait décidé de s'octroyer une journée de repos. Cadre supérieur, chargé des approvisionnements de la Gécamines, il pouvait prendre cette liberté, surtout une veille de Pentecôte qui laissait poindre la perspective de trois jours d'activité ralentie. Il n'y avait aucune raison de faire de la présence au bureau, alors que les trois quarts des employés zaïrois resteraient chez eux, pour quelque bonne ou mauvaise raison.

Il avait d'ailleurs noté que la veille, 12 mai, s'était produit un nombre anormal d'absences non motivées. Il n'y avait pas attaché une grande importance, sachant que tout le personnel serait de nouveau au complet le 15 : c'était le jour de la paie, autant dire le jour le plus important pour les gens de Kolwezi.

En effet, ils vivaient tous de la Gécamines, de même qu'ils vivaient tous pour la Gécamines. L'héritière zaïroise de l'ex-Union minière du Haut-Katanga, cet empire qui avait fait la fortune de la Belgique aux temps anciens de la colonie, demeurait aujourd'hui encore, en dépit de sa nationalisation, l'une des plus puissantes sociétés du monde, la seule véritable richesse du pays : grâce à la Gécamines le Zaïre était devenu le premier producteur de diamants et le sixième producteur de cuivre du monde.

Sans la Gécamines, plus de Zaïre possible, ce qui expliquait toutes les tentatives de sécession de la riche province du Katanga (devenu Shaba depuis 1973) : dans les années 1960 avec l'aventure de Moïse Tschombé, et, plus récemment, les graves événements du printemps 1977.

Pour Georges Laperrière, Union minière du Haut-Katanga ou Gécamines, rien, au fond, n'avait changé : technicien de haut niveau, son travail restait le même ; son salaire aussi, bien qu'avec l'inflation galopante, il ne fît plus, en pouvoir d'achat, que les deux tiers de ce qu'il représentait l'an passé.

Il n'était pas le seul à se trouver dans cette situation ; ses employés zaïrois s'en plaignaient souvent, tout comme ils se plaignaient des prélèvements forcés, le « matabish », exécutés sans douceur par les militaires, embusqués, les soirs de paie, à l'entrée de la cité « indigène » de Manika. Ils se postaient pour attendre leurs « clients ». A leurs barrages de contrôle, les « citoyens » devaient acquitter une dîme parfois élevée. Ce n'étaient plus des barrages, c'étaient des péages. Mais depuis six ans qu'il habitait Kolwezi, Georges Laperrière avait eu le temps d'apprendre qu'il était préférable de ne jamais se mêler de ce qui ne vous regardait pas directement.

05 h 35.

Il y a d'abord eu une rafale, éloignée, bien au-delà de la cité Rouet, probablement de l'autre côté de la Ville Nouvelle,

« P 2 ». Angeline Jagodinski a interrompu la préparation du petit déjeuner et tendu l'oreille. En alerte. Non que les rafales d'armes automatiques constituent un événement exceptionnel à Kolwezi : les militaires des FAZ[1] ont la détente facile, principalement les soirs où ils ont copieusement arrosé la paie de la Gécamines.

Or c'est précisément ce qui l'inquiète. Il est à peine cinq heures et demie, c'est l'aube, et la paie n'aura lieu que lundi soir ou mardi matin. Elle est surprise. L'Afrique ne l'intimide pas, elle est elle-même africaine, de race Chokwé, née à quelques miles de Kolwezi, à Lipasa, juste de l'autre côté de la frontière angolaise.

Les tirs semblent se rapprocher, plus denses, ne s'interrompant qu'à peine, comme le bruit de la pluie d'orage sur le toit de tôle de la boyerie. Mais ce n'est pas la pluie, le ciel de printemps est d'un bleu dur, immuable.

— Henri, réveille-toi ! Il y a des rafales de mitraillette du côté de « P 2 ».

Henri s'étire, se redresse. Il écoute, le sourcil froncé, puis il sourit :

— Encore les Zaïrois qui s'amusent, conclut-il.

Un quart d'heure plus tard, sa tasse de café à la main, Henri Jagodinski guette les rumeurs du dehors, à l'abri des grilles de la fenêtre. Apparemment, rien ne paraît anormal. L'avenue est déserte, seulement peuplée de quelques chiens errants qui longent les palissades des « parcelles », les jardins individuels de Kolwezi.

— Réveille les enfants, décide-t-il.

C'est inutile. Ils sont là tous les trois, Olivier, huit ans, Thierry, cinq ans et le plus jeune Alain, deux ans, tous les trois également frisés, le teint caramel et, dans l'œil, la même lueur malicieuse.

Soudain, sous la fenêtre, une silhouette bondit, franchit la haie, le dos courbé, la mitraillette sous le bras, puis disparaît vers le nord. Henri Jagodinski a aussitôt identifié le fuyard à sa tenue mouchetée, verte et marron, un soldat des FAZ qui se replie vers l'état-major, où semblent maintenant converger les tirs.

De minute en minute, d'autres militaires passent. Certains

1. Forces armées zaïroises : l'armée régulière de Mobutu.

sont sans casque, sans arme. Mais tous galopent, en débandade, le teint gris, la bouche ouverte, en proie à la panique. Pour Henri Jagodinski, cela ne signifie qu'une chose : les réguliers sont en déroute. Le danger est réel.

Rapidement, avec Angeline, il dégarnit les lits de leurs matelas qu'il pose à terre, contre les murs, en rempart, puis fait allonger les siens. Cela les protégera au moins des balles perdues.

Car les tirs sont tout proches, maintenant. Il semble même qu'ils prennent la maison pour cible et, de temps à autre, on entend le bruit mat d'un impact sur la façade, ou le miaulement d'un ricochet.

Et puis, d'un coup, le silence retombe. Pas longtemps. Presque aussitôt surgissent d'autres soldats, armés de fusils d'assaut ou de mitraillettes à chargeur courbe. Henri a identifié des fusils belges FAL et des PM russes Kalachnikof. Ce détail, le disparate des tenues, des coiffures, le petit insigne de toile bleu sur lequel a été brodé sommairement un tigre d'argent, suffirait à le renseigner sur la situation. Les « Katangais » sont revenus et, apparemment, cette fois-ci, en force.

L'an passé, ils avaient été stoppés à une centaine de kilomètres de Kolwezi, le long de la voie ferrée, à la hauteur de la station de Lufupa. Cette seconde offensive semble avoir atteint son but. En tout cas, les Zaïrois, surpris, se sont repliés sans beaucoup combattre.

Il est huit heures passées. Maintenant, par petits groupes circonspects, des rebelles circulent dans l'avenue, l'œil braqué vers les maisons. Parfois, avec une brusque rotation du buste, ils font face et lâchent une courte rafale qui s'écrase sur les façades.

Des coups résonnent, brutaux, frappés à la grille du jardin :

— Ouvrez, camarade !

Henri Jagodinski a noté le terme « camarade ». Au Zaïre, d'où ont été bannies les expressions héritées du système colonial comme « monsieur », on se donne du « citoyen », « citoyenne ». Il s'avance jusqu'à la fenêtre :

— Sautez la barrière si vous voulez, je n'ouvre pas !

Réflexe de prudence élémentaire : les rebelles tirent sur tout ce qui bouge et, tout à l'heure, ils ont abattu un chien brusquement surgi d'une haie.

Ils se concertent et Angeline, qui écoutait le brouhaha des voix, a observé qu'ils parlent en swahili, la langue des Lundas, la tribu qui peuple l'ex-Katanga. Dans le reste du Zaïre, dans les provinces du nord en particulier, la langue véhiculaire est le lingala. Elle le dit à son mari qui, lui, observe les rebelles en train d'escalader la grille.

— Ils ont l'air bien jeunes, note-t-il.

Ils ont quinze, dix-huit ans tout au plus et, dans leurs gestes, un peu de la gaucherie des enfants. Ils traversent la pelouse, jetant autour d'eux des regards suspicieux, puis frappent à la porte de la villa :

— Maintenant, ordonnent-ils : sortez...

Henri Jagodinski ouvre et se heurte aussitôt au canon d'un fusil d'assaut. Il s'efface, se retrouve plaqué au mur. Angeline est derrière lui, escortée des trois garçons. Seul Alain, le plus jeune, se blottit contre elle. Les deux autres, Olivier et Thierry, observent les soldats avec intérêt. Ils n'ont aucun complexe de race, et n'ont pas encore réalisé que ces armes ne sont pas tout à fait de grands jouets.

Les rebelles paraissent surpris par l'apparition d'Angeline. Ils l'appellent « petite sœur » et s'adressent à elle, tantôt en portugais, tantôt en swahili, se bornant à utiliser le français pour inviter Henri à la patience :

— Ils veulent savoir si nous cachons des Zaïrois chez nous, traduit Angeline. Ou si nous avons des armes, des uniformes. Je leur ai assuré que nous n'avions rien de tout cela.

— Il ne faut pas nous mentir, camarades, menace le plus âgé, vingt ans à peine. Sinon... — un geste de la main fauchant l'air, à l'horizontale.

— Vous pouvez vérifier, propose Henri.

Il a compris qu'en dépit de leurs armes, maintenues braquées par les soldats, les « Katangais » ne sont pas plus rassurés que ceux qu'ils tiennent en respect. Aussi s'oblige-t-il à parler lentement, sans brusquerie, en maintenant un équilibre difficile entre l'obéissance et la fermeté. Il ne faut montrer ni trop de servilité, donc de peur, ni trop d'arrogance. En tout cas, il faut poursuivre à tout prix le dialogue.

Les soldats font rentrer les Jagodinski dans la maison, les premiers. A leur suite, ils passent une inspection sommaire des lieux. Au moment de repartir, celui qui semble le chef s'arrête devant la cuisine :

— Pouvez-vous nous donner à manger, camarades ? Il y a trois jours que nous marchons en brousse, sans arrêt...

Angeline les regarde engloutir son petit déjeuner, puis quelques restes sortis du réfrigérateur. La bouche pleine, le chef, souhaitant sans doute laisser une bonne impression, explique :

— On a libéré le Congo ! On a libéré notre pays ! On n'a rien contre vous, on ne veut pas faire d'histoire, ni rien du tout...

Un quart d'heure plus tard, avec un sourire, ils serrent la main d'Henri. Puis ils partent.

A l'autre bout de la Vieille Ville, chez les Faverjon, la situation est plus tendue. Les rebelles sont tombés sur un assez gros bouchon de réguliers et, depuis, mitraillent sans discontinuer.

Dès les premières rafales, Maurice Faverjon a voulu sortir dans la rue. Le miaulement d'une balle l'a vivement contraint au repli. Il a saisi le téléphone :

— Restez chez vous, conseille le « patron » de l'atelier. Les relèves de six heures n'ont pas été faites et, appliquant les consignes, les responsables ont mis l'usine en veilleuse.

— Que se passe-t-il ?

Le chef d'atelier émet une brève remarque d'ignorance :

— Tout cela me semble décousu. On dit, ici, que les Katangais se sont emparés de l'aérodrome au lever du jour, et qu'ils ont balayé les petits postes défensifs répartis en ville.

— Je sais, nous avons vu fuir les Zaïrois.

— On raconte aussi que quelques Blancs ont été abattus en ville. Mais rien n'est certain. En tout cas, restez chez vous. Nous restons en contact...

Toute la matinée, Maurice et Maryse Faverjon ont guetté, à travers les persiennes, quelque signe extérieur permettant d'estimer la situation. Vers huit heures, une camionnette s'est arrêtée devant la maison d'en face, chez les Barette.

— Une histoire de fous, raconte leur voisin, quelques minutes plus tard. Un soldat s'est présenté, une Kalachnikof à la main : « Je viens voir Marc. » J'ignorais ce que pouvait bien vouloir un Katangais à mon fils de huit ans ! Il a souri et a précisé : « Vous ne me reconnaissez pas ? Je suis le « mutoto » — l'enfant — de vos anciens boys... »

Et M. Barette conclut :

— Il nous a raconté qu'il venait d'Angola et qu'il avait marché pendant onze jours. « Nous voulons tuer tous les « Kamanyolas [1] », a-t-il affirmé. Quant à vous, restez à la maison, tranquilles, vous n'aurez pas d'histoires. »

Toute la matinée, dans la ville devenue morte, les habitants se communiquent les nouvelles qu'ils ont pu glaner ici ou là. Des bruits alarmants circulent. Des coopérants marocains et français capturés à l'aube auraient été abattus près de la gare.

D'autres nouvelles, qui se voudraient rassurantes, augmentent en fait l'inquiétude :

— Des officiers cubains coordonnent les opérations militaires.

— Les « Katangais » du FNLC [2] contrôlent la ville et perquisitionnent.

— Ils ont tué un Américain en le traitant de « mercenaire ».

Dans les villas, les hommes dressent en hâte des parapets improvisés, entassant cantines et matelas dans les pièces inaccessibles aux balles perdues, aux éclats de grenades, les couloirs, les toilettes, les salles de bains, loin des fenêtres et des portes. Plus pratiques, les femmes s'organisent pour un siège. Elles constituent des réserves d'eau dans les baignoires, dressent l'inventaire des réfrigérateurs, des celliers. Elles prévoient, déjà, un plan de rationnement. Beaucoup d'entre elles, pour qui le samedi après-midi était jour de marché, se lamentent. Elles se demandent avec inquiétude comment leur famille pourra « tenir » dans des conditions aussi précaires.

Mais peu d'Européens se sentent directement menacés. Les phrases apaisantes égrenées par ci par là par les gradés du FNLC ont produit leur effet. Personne n'a songé à quitter Kolwezi. Seul peut-être, M. Simon, un Grec de trente-cinq ans, qui a récemment lu le récit de l'opération Entebbe, a émis quelques réserves.

— Les terroristes procèdent toujours de la même façon, tente-t-il d'expliquer à ses voisins Istratte. Il convient d'abord de rassurer les otages pour qu'ils ne se livrent pas à des actes

1. Soldats en tenue mouchetée de la division d'élite du Zaïre, la « Kamanyola ».
2. Front national de Libération du Congo, de Nathanaël M'Bumba.

désespérés qui risqueraient de faire échouer l'opération... Je suis inquiet pour la suite.

— Vous avez tort, a répliqué Istratte, d'un ton sec, ce sont des histoires de Zaïrois. Qu'ils s'expliquent entre eux. De toute manière, quel que soit le régime, ils auront toujours besoin de la Gécamines. Et la Gécamines, c'est nous. Sans les Européens, plus de Gécamines. Plus de cuivre, ni de diamants. Plus rien...

II

KINSHASA

06 h 55.

S.E. André Ross n'est pas content. Malgré son air aimable, ses gestes empreints de sérénité, son agacement va grandissant. Un coup d'œil sur sa montre. Voici plus d'une heure qu'il fait le pied de grue dans le grand salon d'honneur de l'aérodrome de N'Djili, dans la banlieue de Kinshasa. A l'autre bout de la pièce, longue, tapissée de céramiques typiques, témoin du renouveau de l'art zaïrois, ornée de panneaux de cuivre rouge, travaillés avec un soin qui dément la naïveté des sujets, le nez collé à la large baie qui s'ouvre sur la perspective de l'aire d'embarquement, S.E. l'ambassadeur d'Union soviétique montre, lui aussi, son impatience. A l'écart, les ambassadeurs de Grande-Bretagne et des Etats-Unis, après avoir épuisé toutes les hypothèses, se murent dans un silence réprobateur. Seul l'ambassadeur de Belgique s'efforce de faire bonne contenance.

Pourtant l'invitation était claire. Tous ces ambassadeurs avaient été convoqués, par une brève note, hier dans l'après-midi, les invitant à se trouver ce matin, 13 mai, à N'Djili pour y prendre un avion qui devait les conduire à Boende, dans le nord du pays. Comme ses collègues, l'ambassadeur de France n'avait qu'une seule indication sur le but de cet étrange voyage ; Mobutu Sese Seko Kuku N'Gbendu Wa Za Banga [1], citoyen-

1. Le général Mobutu a, lui-même, expliqué l'origine de son nom : « Mobutu : dans ma tribu, synonyme de Sese : la terre ;

président-fondateur du Mouvement populaire de la Révolution, président de la République et commandant suprême des Forces armées zaïroises, devait leur faire une « communication importante ».

Son Excellence André Ross, ambassadeur de France à Kinshasa, est un homme affable, cultivé, d'une courtoisie rare. Rompu aux usages diplomatiques, il a acquis, depuis trente ans, la sérénité inébranlable de ceux qui ont conscience de représenter leur pays, d'en incarner les vertus et d'être le symbole de ses valeurs, ce qui ne l'empêche pas, quand il le faut, d'avoir son franc-parler, même s'il le dissimule sous des formules d'une exquise politesse. Ainsi, maintenant, trouve-t-il inadmissible d'être traité comme un caporal-trompette et de subir, sans la laisser passer, une nouvelle foucade du citoyen-président-fondateur.

Il est bien décidé. A sept heures, si rien de nouveau ne s'est produit, il reprend sa voiture et rentre à l'ambassade.

Sept heures. André Ross se lève du profond fauteuil où il dissimulait son énervement et s'approche de la sortie. Au même moment, un conseiller de la présidence fait son entrée. Il est vêtu de l'abacost, sorte de costume national, style « Mao », adopté par le général Mobutu depuis son voyage en Chine. Comme tous les personnages officiels du Zaïre révolutionnaire, il porte un badge-portrait du président sur la pochette.

— Messieurs, dit-il aux excellences qui se sont approchées, prêtes à protester vertement contre ce retard inexpliqué, messieurs, votre départ en avion pour Boende est annulé. Le citoyen-président vous demande de vouloir bien l'excuser et m'a prié de vous dire qu'il rentrait aujourd'hui même à Kinshasa, et qu'il souhaitait vous recevoir dans le courant de l'après-midi.

L'ambassadeur américain s'apprête à poser une question. Le

« SEKO (nom de mon grand-père) : synonyme de « téméraire », « guerrier qui ose, qui ne peut connaître de défaite en raison de son endurance et de sa volonté inflexible de victoire » ;

« KUKU N'GBENDU : Pili pili ya modesu : le poivre vert. Suggère que ce « poivre vert » justifie le respect craintif qu'inspirait aux autres tribus celle des Ngbandi. Essentiellement : guerrier ;

« WA ZA BANGA : relève de guerrier tout-puissant qui laisse du feu sur son passage, et qui va de conquête en conquête. »

conseiller lève la main, affirme n'en pas savoir davantage et sort. A sa suite, en maugréant, les ambassadeurs quittent le salon d'honneur, descendent les marches du perron et se dirigent vers leur voiture. Ils ont tous la mine renfrognée témoignant assez de leur mécontentement. Dans quelques minutes, les téléscripteurs des ambassades vont rendre compte aux ministères de ce qui semble un nouveau caprice présidentiel.

Dans sa voiture qui le ramène à sa résidence, le long de l'immense avenue Sendwe, se terminant en une sorte de cul-de-sac autour du prétentieux et inachevé monument à Lumumba, André Ross oublie son agacement pour se replonger dans ses préoccupations quotidiennes. Le chauffeur ouvre le passage à coups d'avertisseur, faisant ranger les camionnettes rouillées et brinquebalantes, bourrées jusqu'aux ridelles d'Africains se rendant à leur travail, ou simplement en promenade, l'essentiel étant, pour eux, de bouger. Ils ne tiennent jamais en place, et on peut les voir, en longues cohortes dépenaillées, cheminant sans trêve d'un point à l'autre de cette capitale monstrueuse, Kinshasa, mélange chaotique d'architecture futuriste et de cases misérables, d'avenues impériales, à six voies de circulation débouchant sur quelque sentier fangeux.

André Ross regarde avec attention l'allure des promeneurs. Contraste supplémentaire dans ce pays qui pourrait être l'un des plus riches d'Afrique, ils paraissent misérables. Tantôt ils ont la vivacité des fourmis, tantôt l'apathie des lézards. Leur dénuement est souvent pitoyable, parfois insolite, ou même cocasse ; le chauffeur d'un taxi collectif qui pilote une ruine poussive d'où s'échappe une fumée épaisse a baptisé, sans rire, sa compagnie : « Air Boulons »...

Le long de l'avenue, c'est un spectacle fascinant que celui de cette foule poussée dans une direction ou dans une autre par quelque mystérieux appel. Elle s'agglutine aux carrefours pour s'empiler dans des camions dont la carcasse, cent fois rafistolée, semble devoir rendre l'âme à chaque cahot, ou pour prendre d'assaut le petit train véhiculant cahin-caha une dizaine de plates-formes grinçantes. Une saleté vivante, grouillante même, plane sur cette banlieue. Détritus, papiers gras, débris végétaux, châssis de voitures et de réfrigérateurs jonchent les bas-côtés, entre les clôtures délabrées dont la rouille suinte sur les peintures d'un pastel agressif où dominent le vert et le rose cru. On dirait que l'Afrique monte à l'assaut des avenues rectilignes dont le tracé colonial évoque un passé révolu, comme ces cités antiques rongées par la jungle.

Voici l'avenue du 30-Juin, commémorant l'indépendance du Congo-ex-belge, et, tout au bout, juste avant le marché, l'ambassade de France, un ancien hôtel qui portait naguère le nom du conquérant du Congo, Stanley, et que la France a acheté au lendemain de l'Indépendance pour y installer son représentant. Un hôtel historique à bien des égards : le général de Gaulle y passa la nuit au lendemain du célèbre discours de Brazzaville, juste en face, de l'autre côté du fleuve.

Il est neuf heures du matin. La voiture de l'ambassade se range au bord du trottoir, devant les grilles tirées du centre culturel, fermé pour cause de Pentecôte. Des grilles peintes en bleu-blanc-rouge, mettant une note pimpante et propre dans un quartier où dominent l'ocre sale et le béton noirci.

André Ross traverse vivement le hall, répond gentiment au salut respectueux du planton, pénètre dans l'ascenseur de droite et monte directement au quatrième étage où se trouve son bureau.

Il est encore plongé dans l'épais dossier des « affaires courantes » quand sa secrétaire frappe à la porte :

— Monsieur l'ambassadeur, dit-elle : le colonel Larzul souhaiterait vous voir.

— C'est urgent ? J'ai presque terminé.

— Le colonel dit que c'est urgent, en effet.

— Quelle heure est-il ?

— Presque dix heures.

L'ambassadeur hoche la tête, repousse son dossier :

— Qu'il entre.

Le colonel Larzul est attaché militaire à l'ambassade de France. C'est un petit Breton sec, la voix brève, les gestes rares. Tout en lui est tendu vers l'efficacité, la précision. Il passe pour être taciturne. En fait, il ne parle jamais pour ne rien dire. André Ross le tient pour un collaborateur fidèle et précieux :

— Je viens d'apprendre que des avions ont été détruits à l'aube sur le terrain d'aviation de Kolwezi, dit-il, à peine introduit. Je tenais à vous en avertir aussitôt.

Larzul a livré cette information à l'état brut. Il n'en a tiré aucun commentaire. Il s'est borné à rendre compte, sans attendre.

— Bon, réplique André Ross. Tenez-moi informé de tout ce que vous apprendrez de nouveau sur cette affaire.

Au même moment, dans son bureau, juste à l'étage en dessous de celui de l'ambassadeur, le colonel Yves Gras est en train de dépouiller un télex que la direction de la Gécamines de Lubumbashi vient de lui faire parvenir. Le texte, très court, révèle qu'une attaque est en cours contre la ville de Kolwezi, menée par des forces qu'on ne peut évaluer pour l'instant. Toujours selon ce télex, l'aérodrome serait tombé à l'aube et des avions de guerre zaïrois, principalement des Macchi, appareils livrés par l'Italie, et un hélicoptère Alouette III auraient été détruits au sol.

Par ailleurs, les communications ordinaires seraient coupées avec Kolwezi. Les renseignements sur la situation ont été transmis par la radio intérieure de la Gécamines.

Le colonel Yves Gras est le chef de la Mission française d'assistance militaire. Tout comme son camarade Larzul, il informe aussitôt André Ross. L'ambassadeur prend ces informations très au sérieux, même si aucune ne provient d'une source officielle.

Aucun des trois hommes n'est réellement étonné par cette nouvelle. Une attaque restait prévisible depuis la tentative effectuée l'an passé à partir de la frontière angolaise. Mais, si, en 1977, l'ambassade de France et plus particulièrement les attachés militaires étaient régulièrement et complètement informés par le major Van Melle, de la Mission belge, il n'en va plus de même aujourd'hui. Au mois de janvier dernier, le major Van Melle a été évincé de ses fonctions de conseiller, et les forces armées zaïroises ont commencé la mise sur pied de leurs propres services de renseignements.

Pour les Français, cette modification des structures a eu des conséquences fâcheuses. Ils ne possèdent plus désormais que des informations de seconde main, glanées ici ou là chez les Belges, civils ou militaires, ou chez les Américains.

Il est heureux, sinon inespéré, que la direction de la Gécamines de Lubumbashi, alertée par radio depuis Kolwezi, ait songé à faire diffuser le renseignement jusqu'à l'ambassade de France.

— Essayons d'en savoir davantage, suggère André Ross à ses deux collaborateurs. Je vais prendre contact avec mes homologues belge et américain. De votre côté, tâchez de contacter l'état-major des FAZ.

Après avoir vainement tenté d'obtenir le central militaire du mont N'Galiéma, le colonel Gras décide de s'y rendre en voiture. Il est 10 h 20. Il rentre à l'ambassade à midi. Il n'a pu obtenir la moindre indication, la plus petite confirmation sur la situation à Kolwezi. Depuis huit heures du matin, tous les chefs de bureau des FAZ sont en conférence dans le grand bureau sombre et climatisé du général Ba Bia, chef d'état-major, et les plantons en tenue léopard et béret vert, l'épaule ornée d'un pompon rouge, plantés hiératiques aux carrefours des couloirs, ont cet air important et farouche de commandos défendant un fortin.

Le colonel Gras possède des amis dans la place et, par bribes, il a pu reconstituer une partie des événements qui se sont déroulés quelques heures plus tôt dans la capitale du cuivre. Il rédige hâtivement l'essentiel de ce qu'il a appris et le communique à l'ambassadeur.

De son côté, André Ross a reçu, par les Belges et les Américains, confirmation de l'importance de l'attaque de Kolwezi. A midi et demi, il a terminé la rédaction de son premier message.

Certes, bien des points restent encore obscurs : les axes de l'attaque, la provenance des « Katangais », l'attitude des forces régulières zaïroises, tous éléments qui pourraient permettre d'attribuer un degré dans le danger représenté objectivement pour la province et pour le Zaïre, par cette nouvelle guerre du Shaba. Un élément capital, pour un représentant de la France, ne figure par non plus dans les rares informations collectées, la situation des quelque quatre cents ressortissants français habitant Kolwezi. Là encore, en dépit de ses inquiétudes, André Ross, sans accepter de se livrer à des conjectures, est obligé d'attendre.

A treize heures, son télégramme est prêt, chiffré, et commence à défiler sur les rouleaux du télex.

André Ross a voulu son texte bref, il annonce seulement qu'une attaque rebelle s'est produite à l'aube contre la cité minière de Kolwezi. Plusieurs centaines de soldats « katangais » ont réussi à prendre pied dans la ville. Pour l'instant, il semble que l'aérodrome soit entre leurs mains et que toutes les communications soient coupées.

LA LEGION SAUTE SUR KOLWEZI

Le ministère des Affaires étrangères et l'Elysée sont donc alertés exactement à 13 h 05, ce samedi 13 mai 1978.

16 heures.

Dominant le fleuve Zaïre, orgueilleusement dressée sur une butte, le mont N'Galiéma, la résidence présidentielle est un compromis grandiose entre un jardin zoologique et le Pentagone. Sur les flancs verdoyants de la colline, à l'abri de grilles en fer artistement forgées, dans un décor de jungle revue et corrigée par des paysagistes de talent, évoluent en apparente liberté quelques animaux sauvages parmi les préférés du président, une famille de lions, des gazelles, des zèbres...

Pour monter à la présidence, il faut contourner la colline, par un large boulevard bordé de flamboyants, où peu de promeneurs se hasardent à guider leurs pas : les sentinelles coiffées d'un shako vert garni de peau de panthère ont une conception personnelle de la sécurité et possèdent la réputation d'avoir la détente facile.

Sur la droite, un autre boulevard, rectiligne, monte droit vers une place ronde aménagée en parking. A gauche on trouve l'entrée de la cité de l'OUA [1], un groupe de villas spacieuses disséminées dans un parc ; à droite, un portail majestueux qui sépare le public des jardins de la présidence et des bâtiments administratifs. C'est un complexe moderne, impressionnant de solennité, décoré par les meilleurs artisans africains. Sculptures de pierre blanche, de métal forgé, mosaïques typiques alternent le long de la grande allée dallée qui mène à la porte de la présidence.

Il est exactement 15 h 55 lorsque la DS noire de l'ambassadeur de France franchit les grilles. Déjà, sur le parking, sont rangées quelques-unes des voitures officielles à fanion des collègues d'André Ross : la belge, la britannique et la soviétique. Seule manque la Lincoln climatisée de l'ambassadeur des Etats-Unis. Il y a gros à parier qu'il arrivera au dernier moment, attendant jusqu'à l'ultime seconde les renseignements sur la situation à Kolwezi. Sans s'être concertés, les ambassadeurs

1. Organisation de l'Unité africaine.

sont d'ailleurs bien décidés à interroger le président Mobutu sur les événements graves qui se déroulent au Shaba.

Dans le salon d'attente, dédaignant l'impressionnant aquarium où évoluent d'un air stupide de gros poissons rouges aux yeux protubérants, André Ross s'est approché de la fenêtre. La vue est magnifique. Au-delà du rideau de flamboyants du boulevard, on aperçoit la boucle majestueuse du fleuve, et, perdue dans la brume de chaleur posée comme une chape de plomb fondu sur l'horizon, la ville rivale — et ennemie — de Brazzaville surmontée de sa tour de télévision.

La porte s'ouvre. L'ambassadeur américain entre. Au même instant, le directeur de cabinet, un Africain au visage cuivré, cultivé, affable, invite Leurs Excellences à pénétrer dans le bureau présidentiel.

En grand uniforme de général commandant suprême des FAZ, Mobutu n'est pas sans allure. Il a l'attitude souveraine, le geste ample, et dans le comportement cette aisance du corps que l'on ne trouve qu'en Afrique. Contrairement à son habitude, il ne sourit pas. Mais sa voix ne trahit ni émotion, ni colère, ni anxiété. Il reste dans le registre grave.

— Messieurs, commence-t-il en se dirigeant vers la grande carte murale, la seconde guerre du Shaba a commencé. Dès l'aube, des unités légères de rebelles katangais ont attaqué la ville de Kolwezi.

Une pause. Les ambassadeurs n'ont émis aucun commentaire. Ils attendent la suite. Sans se départir de son calme, Mobutu poursuit :

— Cette offensive ne constitue par une surprise pour nous. Depuis quelques semaines, nous connaissions en détail le « plan Colombe » — « Chicapa » en cubain — mis au point par les conseillers cubains stationnés en Angola avec la participation de l'état-major katangais de Nathanaël M'Bumba, qui se prétend « commandant en chef des forces armées populaires du Congo ». En réalité ce sont des mercenaires cubains qui encadrent les unités katangaises qui stationnent dans les régions frontalières...

Quelques ambassadeurs montrent un certain étonnement. Il semble à André Ross que c'est la première fois que la plupart d'entre eux entendent prononcer le terme d'« opération Colombe ». Lui-même est intrigué. Il se demande pourquoi

Mobutu ne lui a jamais soufflé mot de cette grave menace pesant sur son pays.

Il mesure aussi le capital de méfiance accumulé par les FAZ envers les Français qui, pourtant, ne demandaient qu'à les aider. Il songe une seconde à la déconvenue du colonel Larzul qui, depuis trois ans, a mis au service de sa mission tant de foi, d'enthousiasme et de persévérance. Mais, déjà, le doigt sur la carte de la frontière, le général Mobutu poursuit, avec un peu plus de sécheresse dans la voix :

— Cette « opération Colombe » consiste à faire opérer aux troupes d'invasion « katangaises » un glissement vers l'est, jusqu'à l'intérieur du territoire de la Zambie de façon à se trouver au plus près des objectifs visés, Kolwezi, Mutshatsha et, dans un deuxième temps, Lubumbashi.

André Ross note que le général-président ne s'attarde pas sur la situation à Kolwezi. Il semble ne demander aucune aide, pas plus qu'il n'incrimine ouvertement personne. « Les nouvelles reçues du « front » sont sans doute alarmantes et les « rebelles » doivent avoir pour l'instant la situation bien en main », pense Ross.

Mobutu a terminé son exposé. Il serre une à une les mains de ses hôtes, et les raccompagne lui-même jusqu'au seuil de son vaste bureau. André Ross est le dernier. Mobutu garde un peu plus longtemps la main de l'ambassadeur de France dans la sienne et dit :

— Voici quarante-huit heures, j'ai averti l'ambassadeur soviétique que j'étais au courant de tout ce qui se tramait contre mon pays et contre moi. « Si vous ne mettez pas d'obstacle à ce projet, lui ai-je dit, je vous tiendrai pour responsable de ce qui pourra advenir... »

André Ross enregistre les paroles du président. Il retourne à l'ambassade, assez troublé, comprenant moins que jamais l'attitude du président Mobutu.

L'attaque brusque de Kolwezi n'était pas une grande surprise pour André Ross. Quelques semaines plus tôt, le 15 avril, en prévision de la conférence franco-africaine qui devait se dérouler les 23 et 24 mai, il avait adressé à Paris un rapport intitulé « Un an après la guerre du Shaba ». Dans ce document, il ne cachait pas son pessimisme et conservait encore en mémoire l'une des phrases clés : « Le Shaba ressemble plus à un territoire occupé qu'à une province du Zaïre. » Il savait que des officiers cubains étaient arrivés en Angola pour mettre au point les détails d'une opération précise, dont, à l'époque, il n'était pas en mesure de définir les buts et les objectifs, mais il avait écrit : « La menace venant de l'Angola n'est pas une menace à long terme. » En termes diplomatiques, cela signifiait on ne peut plus clairement que la « guerre des 80 jours », selon la terminologie officielle, n'avait constitué qu'une répétition générale.

Il fallait donc s'attendre dans les prochaines semaines à une attaque en règle, mais deux inconnues subsistaient encore : la date de son déclenchement et le secteur dans lequel elle se produirait.

Pour la rédaction et la mise au point de ce rapport, « Un an après la guerre du Shaba », André Ross avait demandé l'appui de ses collaborateurs. Ils lui avaient remis, par écrit, leur opinion, chacun restant dans son domaine. Tous les rapports concordaient, témoignant de leur inquiétude, et, pour sa part, le colonel Larzul avait émis de graves réserves sur la valeur et les capacités défensives de l'actuelle armée zaïroise, n'hésitant pas à la qualifier de « grand corps invertébré ».

Il est vrai que la gestation de cette armée n'avait pas été chose aisée. Au fil des ans, le général Mobutu avait eu le plus grand mal à se débarrasser des vétérans de l'ancienne armée nationale congolaise, l'ANC directement issue de la « Force publique », cette troupe encadrée par les Belges et au service du colonisateur. Plus tard, des rivalités tribales avaient agité les différentes unités, principalement dans les provinces de l'est, dans la région des lacs souvent en effervescence, où l'on voyait resurgir périodiquement des actions menées par les Simbas de feu Pierre Mulele, l'ancien chef de la rébellion.

Deux ans plus tôt, avec l'aide des Nord-Coréens, spécialistes des unités rustiques et politiquement motivées, Mobutu avait entrepris la mise sur pied d'une division d'élite qui devait, à moyen terme, servir d'ossature à la future armée nationale zaïroise. Cette division, la « Kamanyola[1] », en était encore au

1. Le nom de Kamanyola est lié, dans le patrimoine guerrier zaïrois, à un exploit personnel du président Mobutu, alors chef d'état-major de l'ANC. Surgissant à l'improviste au moment où les rebelles

stade expérimental quand il avait fallu l'engager d'urgence dans la première guerre du Shaba. Elle se voulait le symbole du « Nouveau Zaïre », incorporant pêle-mêle des étudiants, des paysans, des femmes, et même des Pygmées... Mais il faudrait encore de nombreuses années pour que cette « Kamanyola », reconnaissable à ses treillis au camouflage « léopard », soit réellement apte à contrer une offensive, et sûrement plus de temps encore pour que le terme « élite » puisse lui être convenablement appliqué.

Dans l'après-midi de ce samedi 13 mai, les renseignements continuaient à arriver à l'ambassade de France. En dépit de l'investissement de la ville, certains cadres de la Gécamines parvenaient toujours, par téléphone, à tenir informé leurs collègues de la direction de Lubumbashi de l'évolution de la situation. Certes, ces renseignements demeuraient fragmentaires et ne concernaient que la situation dans les secteurs obligatoirement limités, directement observés par les témoins.

Pourtant, certains détails étaient significatifs, comme la description de l'uniforme des « Katangais » et du fameux insigne qu'ils portaient sur le bras gauche, un tigre d'argent sur fond bleu roi. On décrivait le chapeau typique, en forme de cloche, on fournissait les caractéristiques de certaines de leurs armes, notamment les Kalachnikof.

Pour sa part, le colonel Gras était parvenu à se faire une idée des différents axes de progression. Il était à peu près certain que les rebelles avaient attaqué dans deux directions à la fois ; par le sud, à partir du terrain d'aviation en direction du faubourg « indigène » de Manika ; mais également par l'ouest, donc de Mutshatsha, hameau dans lequel, l'an passé, le coup d'arrêt à leur première offensive avait été donné.

Dernier détail, rassurant celui-là, si les rebelles avaient à peu près le contrôle de la totalité de Kolwezi, ils semblaient se comporter vis-à-vis de la population européenne avec correction. Les messages ne faisaient état ni de sévices, ni d'exactions, encore moins d'assassinats.

André Ross effectuait la synthèse des renseignements et

« mulélistes » chargeaient les troupes loyalistes, sur le point de se débander, Mobutu avait donné l'assaut en tête, et repris, comme Bonaparte à Arcole, le pont de Kamanyola. Cela se passait le 12 juin 1964 près du lac Kivu, à l'est du Zaïre.

en faisait de courts messages qu'il expédiait aussitôt à Paris. Trois messages furent ainsi expédiés depuis l'ambassade. Ce jour-là, dans sa rédaction, l'ambassadeur s'efforçait à la concision et à l'objectivité, n'inscrivant aucun renseignement dont il ne fût certain, s'abstenant surtout de tout commentaire personnel. Il était conscient de la gravité de l'événement, et se bornait à transmettre, laissant aux plus hautes autorités françaises le soin de délibérer et de prendre toute décision qu'elles estimeraient nécessaire[1].

En fait, ce samedi soir, le président Giscard d'Estaing eut avec le président Mobutu une assez longue conversation téléphonique au cours de laquelle le chef de l'Etat zaïrois le remercia de sa sollicitude. Mais, à aucun moment, il ne lui demanda une aide. Il pensait avoir la situation bien en main, estimant vraisemblablement que les FAZ cantonnées dans le secteur de Kolwezi seraient capables de chasser les envahisseurs par elles-mêmes, sans le concours d'aide extérieure.

Dans son bureau du troisième étage de l'ambassade, le colonel Yves Gras s'efforçait de rassembler le maximum d'éléments sur les forces en présence. A la lumière de l'expérience, ayant à plusieurs reprises effectué des déplacements dans la zone des combats, lors de la précédente offensive, il se jugeait capable de les évaluer avec une précision suffisante pour en tirer des indications sur l'avenir immédiat.

Selon les renseignements accumulés durant les derniers mois, il estimait que l'ensemble des forces rebelles ayant opéré leur « glissement » vers la Zambie était de l'ordre de plusieurs bataillons, puisque, jusque-là, trois mille hommes — six bataillons — étaient cantonnés en Angola, entre Luacano et Calanda[2]. Gras savait que les réguliers lunda étaient, en Angola, environ quatre mille. A ces soldats katangais il fallait ajouter les soixante-dix mille civils[3] que les rebelles avaient ramenés avec eux à l'issue de la première guerre du Shaba.

Côté forces armées zaïroises, il était mieux renseigné. L'armée du général Mobutu disposait de quatre brigades dépendant

1. Contrairement à ce que, par la suite, ont prétendu certains journalistes, le chef de l'Etat était régulièrement et complètement informé. Chaque message qui arrivait lui était communiqué dès son déchiffrement.

2. Voir la carte p. 39.

3. Le chiffre de 250 000 avancé par l'ONU est nettement exagéré.

de la fameuse division Kamanyola. Trois brigades — la 11e, la 12e et la 14e — étaient implantées au Shaba, la 13e dans le « Bas-Zaïre ».

La 11e et la 12e brigade tenaient le secteur frontalier, étalées face aux garnisons des bataillons « katangais ». La 14e, la plus récente, était constituée d'éléments disparates venant notamment des provinces de l'Equateur et du Haut-Zaïre. Elle n'avait pas une très bonne réputation. Son chef, le général Thsikewa, n'était pas plus mauvais qu'un autre, mais ses recrues, non encore amalgamées, n'ayant pas fait leurs preuves, étaient de valeur douteuse. C'était la raison pour laquelle le général Ba Bia, chef d'état-major des Forces armées zaïroises, lui avait confié le secteur de Kolwezi. Ce secteur, protégé par la neutralité de la Zambie, n'étant pas considéré comme critique. Pour l'état-major des FAZ en effet, la Zambie jouait un peu le rôle que jouait la Belgique pour l'état-major français avant la guerre de 1939.

Mais, le colonel Gras l'avait sans cesse rappelé à l'occasion des cours d'histoire militaire donnés naguère à l'Ecole de Guerre, si le premier réflexe d'un état-major consiste à ne pas placer ses meilleures troupes face à un pays neutre, les exemples sont nombreux qui prouvent que c'est une erreur. Seulement, qui, en Afrique, se souciait des leçons de l'Histoire ?

Dans l'après-midi du samedi, le colonel Gras repart pour l'état-major des FAZ, sur le mont N'Galiéma, situé derrière les bâtiments de la présidence. Il fait lourd et orageux, sous un ciel qui vire au gris argent. Le long des façades de. béton, les tuyaux de vidange des climatiseurs, poussés au maximum, crachent sans discontinuer des rigoles d'humidité.

Pour accéder directement au cabinet du général Ba Bia, chef d'état-major, le colonel Gras emprunte, à droite de l'entrée, le petit escalier en colimaçon, gardé par des sentinelles de la gendarmerie en béret vert.

Dans le hall d'attente, à peine éclairé par un vasistas occulté par des persiennes closes, les visiteurs sont nombreux, vautrés sur les coussins moelleux des deux canapés placés le long des parois. Le colonel Yves Gras franchit l'espace libre, se fait annoncer par le secrétaire. Il n'attend que quelques secondes, et pénètre bientôt chez le général.

Installé derrière une table, vaste comme la passerelle d'un

porte-avions, le chef d'état-major est calme, détendu. C'est un athlète au torse puissant, au visage carré encadré de favoris descendant bas sur les joues. Il porte la tenue de travail, une saharienne vert olive aux parements rouges, et jongle sans arrêt avec le petit poste émetteur-récepteur dont sont dotés tous les officiers de l'état-major, pour pallier les déficiences des appareils téléphoniques. Autour de lui, virevoltent quelques officiers, portant, au col, les barrettes dorées qui attestent leur qualification de brevetés d'état-major. Le colonel Gras les connaît. Il les salue.

— Nous contrôlons complètement la situation, déclare aussitôt le général Ba Bia d'une voix détendue. — Pas de problèmes...

Le colonel Gras est sceptique. Il est et il demeure persuadé que l'attaque surprise sur Kolwezi est destinée à détruire les installations minières. Une fois leurs objectifs atteints, les Katangais feront demi-tour et retourneront en Angola.

— Nous n'avons connaissance d'aucune tentative de sabotage en direction des mines, ajoute Ba Bia. Tout montre donc qu'il n'y a pas lieu d'être pessimistes...

Gras s'en va, mais ne cesse de guetter et de rechercher toutes les informations. Pourtant, en cette soirée du samedi, rien ne peut laisser supposer qu'il s'agisse d'une affaire plus sérieuse.

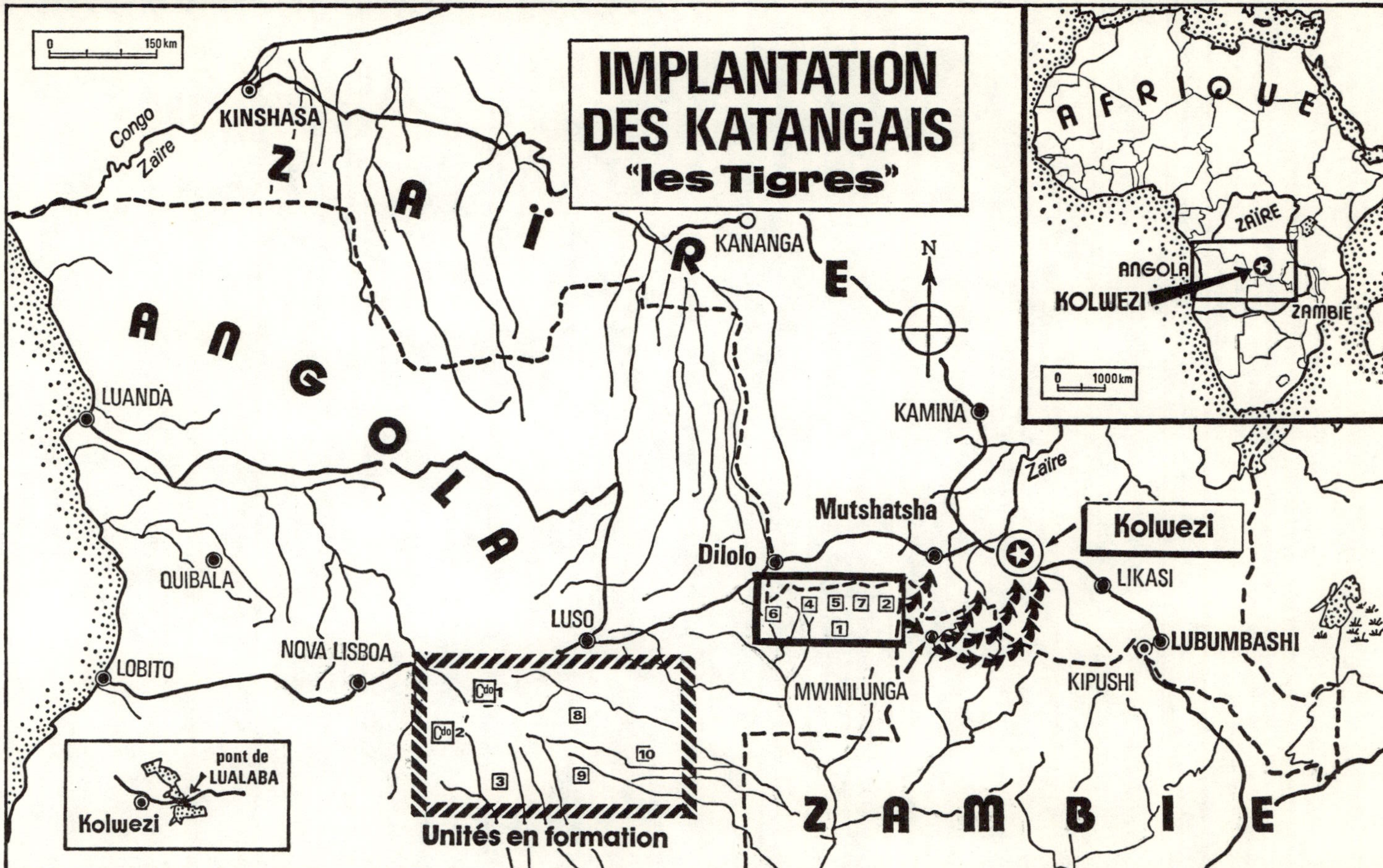

Carte du Zaïre avec pays voisins

DEUXIEME JOUR

DIMANCHE 14 MAI

I

KINSHASA

8 heures.

Pour les Français de l'ambassade, la nuit a été courte. Dès l'aube, S.E. André Ross, les colonels Larzul et Gras se sont remis en quête de renseignements. A 5 heures du matin, un secrétaire a réussi à obtenir une difficile liaison téléphonique avec l'un des directeurs de la Gécamines à Lubumbashi. Mais les résultats ne sont pas à la hauteur de l'exploit. Leur correspondant de Lubumbashi ne semble pas posséder d'autres précisions que celles obtenues la veille, dans la soirée.

En fait, il s'avère que les Katangais contrôlent entièrement Kolwezi, qu'il n'y a plus aucune résistance organisée de la part des troupes zaïroises qui paraissent neutralisées. Leur sort est des plus incertains. Certaines unités sont prisonnières, d'autres fuient, en déroute, vers le nord.

De son côté, l'ambassadeur a des liaisons régulières avec ses homologues belge et américain. Tous deux sont en liaison directe et constante avec le télex de la Gécamines à Lubumbashi qui diffuse, sitôt reçus, les renseignements collationnés sur place, en provenance de Kolwezi. La plupart sont du reste rédigés au conditionnel et rarement pris en compte d'une façon formelle.

En ce début de la deuxième journée de bataille, la seule

certitude apparemment acquise, c'est qu'il n'y a pas d'exactions ou de sévices de la part des Katangais sur les Européens. On peut même affirmer que leur attitude envers eux n'est pas hostile.

On affirme également que les Katangais sont nombreux, en uniforme, et possèdent un encadrement compétent et efficace.

Le colonel Gras regroupe les dépêches dans son bureau et reporte sur son bloc-notes chaque précision obtenue. Soudain, l'évidence lui saute aux yeux. Sa conviction est faite.

Aussitôt il grimpe l'étage, pénètre chez l'ambassadeur. Il est 9 heures du matin :

— Monsieur l'ambassadeur, dit-il d'emblée, je suis pratiquement certain que nous n'avons pas affaire à une opération de type commando destinée à détruire ou à coiffer un objectif limité. Au contraire. Il s'agit d'une opération de grande envergure. C'est grave. Il ne faut pas laisser les rebelles s'installer à Kolwezi, sinon la sécurité de nos ressortissants deviendrait extrêmement précaire.

— Que suggérez-vous ? demande l'ambassadeur d'une voix tendue.

Il était arrivé à peu près aux mêmes conclusions que son collaborateur, mais espérait secrètement s'être trompé.

— Je ne vois guère d'autre solution que l'envoi sur Kolwezi de parachutistes qui pourraient tendre la main aux unités zaïroises locales. La 14e brigade est à coup sûr incapable de reprendre le contrôle de la ville par ses propres moyens...

André Ross ne répond pas tout de suite. Il interroge du regard son attaché militaire, le colonel Larzul :

— Je partage entièrement ce point de vue, répond sans hésiter l'attaché militaire.

— Je pense aussi que ce serait la solution la plus sensée, conclut l'ambassadeur. — Encore faudrait-il la faire admettre à Paris. Et je ne crois pas que l'opinion publique française soit préparée à ce type d'intervention... — Un temps. — De toute manière, nous n'avons même pas reçu de réponse aux messages envoyés hier...

— Pourquoi ne pas appeler directement l'Elysée ? suggère le colonel Gras.

André Ross sourit :

— J'y ai pensé, répond-il. Mais je voulais attendre que la matinée soit écoulée, dans le cas où une réponse serait en cours...

Dans le bureau des secrétaires, un planton a branché son poste sur *France-Inter,* capté sur ondes courtes. Aux informations du matin de ce dimanche de Pentecôte, la seule nouvelle qui semble passionner les Français est le résultat de la finale de la Coupe de France de football, disputée hier soir. Nancy a battu l'OGC Nice par le faible score de 1 à 0. Voilà l'important. La météo sera favorable et l'on signale déjà de nombreux bouchons aux traditionnels « points noirs » de la route des vacances.

— Il n'y a rien encore sur le Shaba...

Il est midi. De son bureau, André Ross vient d'obtenir la communication téléphonique directe avec l'Elysée. Il sait que les trois messages expédiés la veille ont été reçus, mais le silence prolongé de Paris lui fait craindre que le chef de l'Etat n'ait pas une conscience exacte du danger qui pèse sur le Shaba.

— Colonel Mermet, répond une voix au téléphone. — Je suis l'officier de permanence.

Il confirme très vite que les trois messages de la veille ont bien été reçus et que le président Giscard d'Estaing est en train d'étudier personnellement l'affaire. André Ross précise alors son sentiment sur la raison de l'attaque katangaise à Kolwezi :

— A tous moments les trois mille Européens qui résident dans cette ville peuvent être pris comme otages par les rebelles. Dites bien au président qu'à mon sens il ne s'agit pas d'un simple raid de quelques centaines d'irréguliers, mais que nous sommes en présence d'une véritable opération, d'un vaste mouvement destiné à s'emparer du Shaba tout entier. Du reste, nous venons d'apprendre qu'une seconde offensive avait eu lieu à l'aube contre la ville de Mutshatsha.

« Nous sommes certains que Kolwezi est présentement tenue par plusieurs milliers d'hommes en armes et je tiens à le préciser, la plupart d'entre eux sont revêtus d'un uniforme. »

Le colonel Gras prend à son tour l'appareil et souligne la gravité de la situation :

— Pourriez-vous faire part de ma suggestion au président ? demande-t-il : j'estime nécessaire l'envoi immédiat de parachutistes pour renforcer les troupes zaïroises.

— Précisez l'effectif souhaité.

— A mon sens, deux compagnies — trois cents hommes — seraient suffisants. Largués au cœur de la « fourmilière », ils auraient un effet psychologique considérable et peut-être suffisant pour reprendre le contrôle de la situation.

André Ross écoute la communication. Il esquisse une moue, sachant déjà que cette décision ne sera pas facile à prendre. La distance qui sépare Kinshasa de Paris n'est pas seulement kilométrique.

En cours d'après-midi, André Ross prend un nouveau contact téléphonique avec l'Elysée. Les premiers échos sont décevants.

— Il apparaît que les obstacles sont plus nombreux que ceux que nous redoutions, explique André Ross à ses collaborateurs : des réticences se font jour, à tous les niveaux. J'ai même appris que M. Journiac, responsable des Affaires africaines, était extrêmement réservé sur l'opportunité d'une intervention militaire. Le président de la République lui-même reste dans l'expectative.

— Il est certain que tant que le gouvernement zaïrois n'a pas expressément réclamé du secours, constate le colonel Gras, il paraît difficile de lui imposer une décision semblable.

— Pour agir, il faudrait que le gouvernement belge, le plus directement intéressé dans cette affaire, au moins par le nombre des ressortissants concernés par la prise de Kolwesi, soit d'accord pour cette intervention. Le mieux serait qu'il prenne l'initiative.

— Si je comprends bien, conclut le colonel Larzul, il n'est pas question de monter une opération aéroportée uniquement française ?

Le téléphone sonne. Avant de décrocher, l'ambassadeur prend le temps de préciser sa pensée :

— En fin de compte, l'Elysée envisagerait à l'extrême rigueur une opération mixte franco-belge...

Au bout du fil, le directeur du Cabinet présidentiel zaïrois. Il invite Son Excellence à venir d'urgence à la résidence du mont N'Galiéma pour « une communication importante qui sera faite par le citoyen Idzumbuir, ministre des Affaires étrangères ».

— Je viens, répond André Ross.

A la présidence, l'ambiance est nettement plus tendue que la veille. Rien n'indique qu'il puisse s'agir d'un dimanche, à plus forte raison d'un dimanche de Pentecôte. Il y a des militaires en uniforme dans tous les couloirs, et, d'un bureau à l'autre, des secrétaires galopent, transportant des dossiers aux couleurs vives.

Sans attendre, l'ambassadeur de France est introduit dans le bureau du citoyen-ministre des Affaires étrangères. Il constate aussitôt que l'assistance est différente de celle de la veille. Si l'ambassadeur soviétique est absent, en revanche, les ambassadeurs de Chine populaire et du Maroc sont présents :

— Devant la gravité de la situation, commence directement M. Idzumbuir, le citoyen-président-fondateur a décidé de faire appel aux gouvernements amis du Zaïre pour apporter à sa personne, à son gouvernement, à son pays une aide de toute nature...

André Ross note mentalement le terme « aide de toute nature ». Il ne peut s'empêcher de le rapprocher de la suggestion faite ce matin d'intervenir militairement.

Et puis, soudain, la situation se dramatise. Le général Mobutu fait son apparition. Cette fois, il a revêtu sa tenue de combat. Il se borne à répéter les paroles de son ministre, mais son inquiétude est évidente. Il a enfin consenti à regarder la réalité en face et à avouer qu'il redoute de n'être pas en mesure de rejeter, seul, les envahisseurs katangais hors du Shaba.

Sa poignée de main est elle-même plus appuyée, plus chaleureuse.

Sur le chemin du retour, André Ross est perplexe. Certes, il va immédiatement faire part à Paris de la demande, explicite cette fois, du général Mobutu. Mais il doit aussi l'assortir de précisions sur les modalités de cette « aide ». Et, pour cela, il est nécessaire de savoir quelles sont exactement les intentions belges. Rien, en toute hypothèse, ne pourra être envisagé, approuvé et mis en œuvre sans une étroite coopération des deux gouvernements. Il a bien compris que seul le consensus international permettra d'obtenir l'approbation de l'opinion publique française.

Dès son arrivée à l'ambassade, il convoque le colonel Larzul :

— Prenez immédiatement contact avec votre homologue belge afin de sonder les intentions du gouvernement de Bruxelles.

— Je pars immédiatement.

Une demi-heure après, le colonel Larzul est de retour. Son visage exprime clairement ses sentiments, bien qu'il hésite encore entre l'indignation et la stupéfaction :

— La position belge est nette, explique-t-il : ils ne veulent rien entreprendre. Les réponses à mes questions ont été : « Rien ne presse, il faut laisser la situation se décanter ». A la question sur le sort des ressortissants, on m'a répliqué : « Nous sommes formellement opposés à toute intervention ». Puis : « Nous envisageons de négocier l'évacuation de nos ressortissants avec les représentants du FNLC. Nous n'interviendrons qu'en dernier ressort, et encore, en nous bornant à une intervention du style de celle de Stanleyville [1]...

— Je vois, dit sombrement le colonel Gras.

— J'ajoute que je suis resté sans voix lorsque j'ai entendu tomber de la bouche d'un officier supérieur de l'armée belge, considérée comme alliée, ces mots incroyables : « Je puis vous assurer qu'une intervention française serait considérée par nous comme inopportune et inamicale... »

1. En 1964 une opération des para-commandos belges sur la ville de Stanleyville, occupée par des bandes de rebelles qui détenaient un millier de citoyens belges en otage, dont de nombreux religieux et religieuses, avait permis leur évacuation dans des conditions satisfaisantes.

II

KOLWEZI

6 heures.

Le soldat était arrivé, sans faire de bruit. Son poing résonnait comme un gong sur le bois de la porte. Il avait l'air placide, mais décidé à se faire ouvrir.

Angeline consultait son mari du regard. Devait-elle ouvrir ? Les deux époux avaient passé une mauvaise nuit, guettant les bruits de la rue, sursautant à la moindre rafale, se réveillant à la plus faible explosion. Ils avaient campé dans le couloir, sur des matelas, les trois garçons emmêlés.

Les gamins, en revanche, montraient plus de curiosité que de peur et, la veille, ils étaient particulièrement excités, guettant par l'interstice des persiennes le passage des patrouilles, les assortissant de commentaires :

— Tiens, maman, « ils » vont chez M. Brémont, le Belge du numéro 130. Ils se sont arrêtés devant Peppino, le Portugais.

Puis, un peu plus tard :

— « Ils » ont cassé la porte de M. Golman...

En dépit de son nom germanique, M. Golman était français. Il avait eu la bonne idée de partir en vacances quelques jours plus tôt. Une bonne idée ? C'était à voir, sa maison avait été rapidement mise au pillage...

— Je vais ouvrir ?

— C'est mieux, je le crois...

L'homme était un tout petit soldat, le visage fendu en deux par un sourire qui se voulait aimable. Mais il roulait des yeux terribles :

— Passeports, exigeait-il, en brandissant son arme, une mitraillette Kalachnikof. — De sa main libre, il montrait le fusil qu'il portait en bandoulière : — Kamanyola, hé, hé...

Angeline était déjà parti chercher les pièces demandées. Avec un sourire, Henri les saisissait en les présentant à l'envers, un test pour savoir si son « visiteur » savait lire.

Test positif : le Katangais remettait les fascicules à l'endroit puis les rendait avec un signe de la main :

— Ça va.

Puis l'air soupçonneux :

— Il ne faut pas cacher de soldats, sinon tous tués...

Il allait partir, mais, se ravisant, contournait la maison et entreprenait de fouiller la boyerie. Soudain, un hurlement. Le Katangais faisait sa réapparition, tenant par le col un homme terrorisé, le visage gris, les vêtements sanglants :

— Kamanyola ! hurlait le Katangais. — Kamanyola ! ! !

Henri jetait un regard vers Angeline, qui esquissait une moue d'ignorance. Par quel miracle cet homme avait-il réussi à se faufiler dans leur parcelle ? Il était blessé à l'épaule, mais, lèvres serrées, il ne se plaignait ni ne répliquait aux questions que lui assenait le soldat.

— Il a dû passer par le drain, suggérait Henri Jagodinski.

En effet, entre leur parcelle et le petit immeuble voisin qui abritait un petit état-major de compagnie des FAZ, il y avait un mur haut de deux mètres. Mais, à sa base, les Zaïrois avaient pratiqué une sorte de chatière qui servait à drainer les eaux de pluie vers la rigole de la rue.

Le Katangais avait provisoirement abandonné sa proie et, maintenant, braquait son arme vers les Jagodinski en proférant des menaces en swahili. Angeline tentait de parlementer. En vain. Le sourire avait disparu, les yeux roulaient, de plus en plus terribles.

L'arrivée des trois garçons sauvait la situation. Sans crainte apparente, Olivier, le plus grand, s'approchait du Katangais, n'ayant d'yeux que pour le PM. Du coup, le soldat se détendait, allant jusqu'à caresser la tête ébouriffée du gamin. Il sortait dans la rue, hélait une patrouille et l'appelait à la rescousse pour embarquer le prisonnier, blessé et muet comme une tombe.

Des cris. Des hurlements. Et puis une rafale.

Angeline s'est crispée, accrochée au bras de son mari.

Les Katangais sont revenus dans l'après-midi du dimanche. Circonspects, ils ont d'abord arrosé les façades et les haies de salves de fusil et de fusil mitrailleur. Soudain, Henri et Angeline ont entendu une plainte. Un Zaïrois était dissimulé entre un arbre et un massif, dans la parcelle d'à côté. Les Katangais se sont précipités, ont extirpé l'homme de sa cachette, en le bourrant de coups de crosse, de pied, de poing. Puis ils l'ont abattu, d'une balle dans la tête, et l'ont abandonné, juste devant la grille, sur le trottoir.

Dans la nuit, les chiens ont commencé à le dévorer.

En fin d'après-midi, ce dimanche de Pentecôte, Henri et Angeline ont été attirés à la fenêtre par des appels au secours. Une patrouille passait, entraînant un Européen, le visage en sang, la chemise déchirée. Les Jagodinski le connaissaient bien. Il habitait quelques maisons plus bas, dans l'avenue des Pins. C'était un quinquagénaire doux et pacifique, qui, du reste, se préparait à aller en vacances.

Trois ou quatre jours avant, M. Marreckx avait déjà fait partir sa femme et ses cinq grands garçons. L'un d'eux avait une passion pour les souvenirs militaires et avait oublié, dans sa chambre, une veste de treillis dont il se servait pour monter à cheval. Les Katangais avaient découvert cette veste. Et c'est pour cela qu'ils traînaient l'homme, en brandissant l'objet du « délit ».

On devait retrouver son cadavre, deux jours plus tard. Pour le fusiller, les Katangais l'avaient obligé à endosser la veste de treillis.

Ce matin-là, Maryse Faverjon avait eu une curieuse idée. Elle avait enfilé une chemise à la mode, d'allure militaire, vert olive, avec des pattes d'épaules. Pour l'instant, elle vaquait à des soins domestiques, faisant une vaisselle sommaire avec le peu d'eau qui coulait encore du robinet.

Soudain, dans la rue, des ordres, des salves de fusil. Maryse écartait le rideau, passait sa tête à la fenêtre. Le claquement d'une balle résonnait à son oreille et, dans son dos, elle entendait le craquement du poste de radio, touché de plein fouet.

— Qu'est-ce qu'il y a ? demandait Maurice, qui avait été alerté par le léger cri poussé par sa femme.

— Je ne sais pas : les « camarades » nous tirent dessus.

De la rue, les Katangais, qui s'étaient assemblés, lançaient des appels :

— Sortez, sortez tous... Mercenaires...

Maurice ouvrait la porte, traversait la parcelle, sortait sur le trottoir, aussitôt accueilli par un concert de vociférations, toutes les armes braquées à hauteur de son ventre.

— Camarades ? Qu'y a-t-il ?

Les autres ne comprenaient rien. Ils poursuivaient leurs invectives :

— Mercenaires, mercenaires...

Crispin, le boy de la maison d'en face, venait aux nouvelles et s'offrait spontanément comme interprète :

— Les camarades veulent savoir combien vous êtes dans ta maison, patron...

— Nous sommes trois : mon fils, ma femme et moi.

— Les camarades ont vu un mercenaire...

Maurice se retenait pour ne pas rire. L'instant pourtant ne s'y prêtait guère, mais il imaginait mal Maryse avec sa chemise kaki, jouant les mercenaires...

— Dis-leur qu'ils viennent avec moi dans la maison : ils pourront vérifier.

Dénégation. Malgré les explications de Crispin, les Katangais refusaient de franchir la haie de la parcelle.

— Ils attendent des renforts.

En haussant les épaules, Maurice rentrait chez lui :

— Je ne bouge pas. Dis-leur qu'ils fassent signe quand ils seront décidés.

Ils étaient revenus, au moins une section avec des armes automatiques. Puis, sans sommations, ils avaient ouvert le feu, pendant plus d'un quart d'heure. Dans leur maison, Maurice et Maryse Faverjon étaient à plat ventre, protégeant leur fils de leur corps. Les murs s'écaillaient, les vitres dégringolaient et, dans le salon, on entendait distinctement les impacts des rafales percutant les meubles.

Maurice attendait la fin de la démonstration pour tenter une nouvelle sortie et parlementer.

Le feu se calmait brusquement. Dans la rue, on entendait des voix. Un voisin, Zaïrois, était en train de calmer les soldats.

Perquisition, brutale, militaire.

— Donne-moi ton poste radio...

— Tu vois bien qu'il est cassé.

— Alors, tu me donnes une couverture...

Maurice Faverjon était au bord de l'exaspération. Maryse le sentait ; elle redoutait de sa part un geste inconsidéré, une parole malheureuse. Déjà, devant leur porte, passaient des petits groupes malmenés, Européens ou Africains, emmenés de force vers le nord, vers le cercle hippique « le Bridon », non loin du cimetière où, disait-on, avaient lieu des exécutions.

Elle pressentait que le temps de l'affabilité montrée la veille était dépassé. Les soldats restaient encore disciplinés, mais on les devinait tendus, fatigués, prêts à saisir le moindre prétexte pour abattre le premier qui leur semblerait suspect.

— Allons, madame, ne pleure pas...

Maryse se redressait. Incrédule, elle portait ses mains à ses yeux. Elle pleurait, en effet.

Déjà, les Katangais s'éloignaient. Ils avaient pillé la réserve de nourriture.

Les Fauroux[1] étaient de vieux Katangais. Emile, l'ancien, le grand-père, était arrivé là en 1905, alors que Kolwezi n'était qu'un misérable village de coolies noirs, et les mines, exploitées à la pioche et à la pelle.

En soixante-treize ans, travaillant sans relâche de père en fils, les Fauroux avaient créé et fait prospérer une entreprise de travaux publics, la plus importante société locale après la Gécamines. Leur maison, au bout de la Nouvelle Ville, témoignait de leur réussite.

Dès le samedi, Marc Fauroux, cinquante ans, avait compris l'importance de l'opération rebelle. Ce n'était pas un simple commando venu exécuter un rapide coup de main sur les installations de la Gécamines. C'était une armée d'occupation. De sa fenêtre, au premier étage, il avait vu défiler les colonnes d'invasion, venant du terrain d'aviation. Il estimait le nombre des Katangais à près de quatre mille.

1. Pseudonyme choisi par l'auteur.

Il n'avait pas peur. Par radio, par téléphone, il avait noué des contacts, interrogé des témoins et avait peu à peu acquis la conviction que, pour l'instant, les « rebelles » ne s'en prenaient qu'aux militaires zaïrois, et aux coopérants étrangers. On lui avait d'ailleurs affirmé que les Katangais en avaient exécuté un petit groupe, le samedi, en fin de matinée, près du remblai de la voie ferrée, sur le boulevard Mobutu, à côté de la Poste entre la Vieille et la Nouvelle Ville.

Marc Fauroux attendait, placide, la suite des événements. En vieux « pied-noir » d'Afrique, il savait que les choses allaient toujours lentement dans ce pays et qu'elles finissaient toujours par s'arranger, au prix d'un long palabre. Il n'était pas inquiet. Il aimait bien les Zaïrois et ceux-ci le lui rendaient. Il n'avait donc à redouter ni la moindre représaille ni le plus petit règlement de compte.

Il se doutait bien qu'il y aurait quelque pillage, ici ou là, peut-être même quelque sabotage sur l'un de ses engins ou de ses camions. Mais cela faisait partie des risques encourus dès lors que l'on essayait de travailler en Afrique.

C'était dimanche, et, de toute manière, en temps normal, il ne serait pas allé sur son chantier, passant sa journée à lire ou à écouter des disques, près de sa piscine. Depuis que, voici six mois, un décret de Mobutu avait interdit aux Blancs la possession d'armes à feu, il n'avait même plus la ressource de se consacrer à la chasse, une vieille et solide passion...

Mais il n'était même plus question de piscine. Tout à l'heure des groupes étaient passés dans l'avenue Pili-Pili, pour inviter les habitants à rester chez eux. Pour Marc Fauroux, ce n'était pas une raison pour ne pas se changer et enfiler une chemise et un pantalon propres.

Des coups, frappés à la porte, l'invitent à ouvrir.

— Vous êtes bien Marc Fauroux ? demande un petit homme d'une trentaine d'années, le crâne protégé par un petit chapeau en forme de cloche, sur le ruban duquel, au stylo à bille, est inscrit « commandant ». Il tient à la main un carnet de moleskine noire dans lequel est portée une longue liste de noms avec des adresses.

— Oui, répond Marc Fauroux.

Le « commandant» coche le nom et désigne les soldats qui l'escortent :

— Suivez-nous.

— Laissez-moi au moins prendre...

— Tout de suite, insiste le « commandant » en secouant son revolver.

Encadré par quatre soldats l'arme au bras, Marc Fauroux remonte l'avenue Burga, l'artère commerçante de la Nouvelle Ville. Il observe que, devant chaque porte, chaque vitrine, est posté un soldat katangais, l'arme dans la saignée du coude, montant une garde vigilante, chargé sans doute d'interdire tout pillage.

« Pourvu que la discipline tienne encore quelques jours », songe-t-il.

Par les boulevards, le groupe remonte vers le nord, en direction de la Poste. Au passage, Marc Fauroux a l'occasion de vérifier les bruits recueillis la veille. Le long du remblai de la voie ferrée, près de la carcasse calcinée d'une automitrailleuse légère (AML) de marque française, les corps de quelques soldats sont allongés, méconnaissables, déjà attaqués par des chiens...

— Où m'emmenez-vous ? demande-t-il.

— Tribunal, répond laconiquement le « commandant ».

La « salle d'audience » est bondée de militaires katangais, en uniforme, tous porteurs du petit insigne de toile bleue timbré d'un tigre stylisé. Tous parlent, vocifèrent, s'interpellent. Marc Fauroux ne peut s'empêcher d'évoquer l'image de ses livres d'histoire reproduisant le procès de Louis XVI. Il n'y manque même pas les « tricoteuses de la guillotine » : quelques mégères à grosse poitrine qui font office de secrétaires et dardent sur le nouvel arrivant un regard haineux.

— Vous êtes bien Marc Fauroux ? interroge un grand diable d'un noir d'ébène, en frappant sa table de la crosse de son revolver.

— Oui.

L'homme consulte quelques feuillets dactylographiés et lit :

— Vous êtes accusé de collaboration économique avec les exploiteurs des richesses volées au peuple katangais...

— Mais, je...

L'officier l'interrompt et enchaîne :

— Pour ces motifs, vous êtes condamné à mort par le tribunal révolutionnaire katangais. — Un silence ponctué par un coup de crosse sur le bois de la table puis : — La sentence est exécutoire immédiatement.

Un signe de la main. Quatre soldats s'approchent, saisissent Marc Fauroux, le tirent vers la sortie. Il est comme assommé. Tout s'est passé si vite. Et puis, d'un coup, tout son être se révolte. Il ne va pas se laisser tuer sans rien dire, sans protester. « Collaboration économique... » c'est du cirque. Cela ne veut rien dire !

Il s'arrête, fait face au tribunal. Ses gardes s'interposent, l'agrippent par sa chemise, tentent de l'entraîner hors de la salle. Il s'arc-boute, résiste. Mais plus personne ne l'écoute. Là-bas, devant l'aréopage qui vient de le condamner, un soldat katangais s'explique, avec des gestes véhéments, trop loin pour que Marc Fauroux puisse l'entendre et comprendre les phrases qu'il aligne avec volubilité, monopolisant l'attention. Le « président » a l'air ennuyé et gratte avec énergie la masse de cheveux qui lui tombe presque jusqu'aux oreilles.

Puis il retire et remet nerveusement ses grosses lunettes noires à monture d'écaille. Fauroux examine avec un peu plus d'attention le Katangais qui discute âprement avec le tribunal. Son visage est familier et, bientôt, en dépit de sa tenue de combat, Marc Fauroux l'identifie. C'est un de ses anciens contremaîtres. Un garçon sympathique et gai, ardent au travail, avec lequel il a toujours entretenu d'excellents rapports. Manifestement son ancien employé est en train de plaider sa cause. Rien ne l'y oblige et c'est pourquoi ce geste est encore plus appréciable. Marc Fauroux soupire. Il n'ose encore se croire sauvé, mais il remarque que toute la salle a maintenant les yeux braqués sur lui et qu'il y a moins de lueurs de haine dans les regards.

Et les sentinelles le lâchent, se bornant à l'encadrer étroitement. Les minutes passent. Marc Fauroux attend, fataliste, goûtant simplement ces quelques minutes de répit, sans même oser espérer sa grâce. Il se sent terriblement fatigué comme si toute sa vie lui pesait, soudain, sur les épaules ; tant d'années, d'efforts, de contraintes pour en arriver là, à guetter un signe lui indiquant qu'il a obtenu un sursis.

Le Katangais a fini sa plaidoirie. Il s'est tu, les mains encore agitées, mais la bouche sèche. Le silence s'appesantit sur la salle. Le président du tribunal a fini de se gratter la tête. Son faciès est inexpressif, et, brusquement, s'illumine d'un sourire. Un signe de la main, assorti d'un ordre bref.

Les gardes agrippent la chemise de Marc Fauroux, l'entraînent au-dehors, l'adossent à un mur écaillé par les impacts. A terre, des traces sanglantes révèlent que des condamnés ont déjà été exécutés ici même.

C'est la fin. Marc Fauroux n'a même plus de révolte contre la stupidité du sort. Il est arrivé au bout de son chemin. Il ne regrette rien, pas même cette façon idiote de mourir. Il n'a plus que le souci de demeurer droit, bien campé sur ses jambes, faisant face aux cinq soldats qui viennent d'armer leurs Kalachnikof. Il ne pense à rien...

Il n'a pas fermé les yeux lorsque les rafales ont éclaté. Il n'a pas cillé quand des éclats de ciment lui ont griffé les bras, le visage.

Juste un peu d'étonnement quand il s'est aperçu qu'il restait debout, toujours campé sur ses jambes, sans cette lourdeur des membres, cette douleur des muscles traversés par les impacts. Il n'a rien senti...

C'est alors seulement qu'il comprend. Les soldats ont tiré au plus près, à droite et à gauche, s'amusant à ce simulacre d'exécution ; tout comme s'est amusé le président en ordonnant la mise en scène.

On a finalement décidé de lui accorder un sursis, mais en ne lui épargnant rien des affres de l'attente, de l'agonie. Marc Fauroux est soulagé, sans doute, mais la rage domine. Plus tard, dans la soirée, lorsque son escorte l'aura ramené chez lui, il pourra se laisser aller. Pour l'instant il reste debout, hébété, comme un somnambule que l'on pousse, que l'on tire. Un mort vivant.

— Face au mur !

— Pas question...

Pierre Vérot avait décidé de tout refuser. En bloc. Au matin, des soldats étaient venus le chercher dans la maison de l'avenue des Poivriers où il vivait seul, par souci d'économiser le maximum d'argent pour achever de payer les traites du « Safari ». Et c'est précisément parce qu'il était célibataire que les Katangais étaient venus l'arrêter, à l'aube du dimanche :

— Tu es un mercenaire.

Haussement d'épaules ; Pierre Vérot les foudroyait de son étrange regard vert doré.

— Je suis ouvrier. Voici mon passeport, ma carte de travail, ma carte de mess. Ma famille est restée en France. Mais je ne suis pas mercenaire...

— Les Français qui travaillent avec les « Kamanyolas » sont seuls. Ils ont laissé leur famille en France. Tu es un mercenaire...

Toujours cette affirmation. Pierre Vérot s'accrochait à ses dénégations, sans les quitter une seconde des yeux. Il savait la force de son regard, étrangement clair au milieu de son visage tanné. Et il pensait que c'était pour lui la seule chance qui lui restait de survivre. Son instinct lui soufflait que les Katangais n'hésiteraient pas à lui loger une balle dans la tête s'il détournait les yeux.

Fusille-t-on quelqu'un qui vous fixe droit en face ?

Les Katangais s'incrustaient, palabraient, voulaient lui faire admettre l'inadmissible. Pierre Vérot répliquait d'un ton cassant.

— Tu viens avec nous !

— C'est ça : laissez-moi m'expliquer avec un officier.

Et c'était un nouveau cortège qui s'ébranlait, vers le cercle hippique. Rarement depuis le début de la matinée on n'avait vu revenir celui qu'on y amenait. Pierre Vérot était pourtant bien décidé à ne pas se laisser faire. Il restait persuadé qu'on ne pourrait rien contre sa volonté, tendue, farouche, de vivre malgré tout. Sans rien admettre, ni rien renier. Homme d'action, habitué aux coups du sort, il avait toujours fait face avec détermination. Ce n'était pas un malentendu qui allait mettre fin à sa vie...

— Tu es un mercenaire.

Cette fois, c'était un petit commandant, rond comme un petit pois, qui lançait son affirmation en dardant sur lui un index accusateur.

— Non.

— On va te fusiller.

— Ça ne changera rien.

— Face au mur.

— Pas question.

Toujours cette petite phrase qui dansait dans sa tête : « On ne tire pas sur quelqu'un qui vous regarde en face... » D'ailleurs, comme pour justifier cette certitude, des cadavres jonchaient le sol, abattus d'une rafale dans le dos.

Des mains poussaient Pierre Vérot contre le mur. Il se

retournait et plongeait son regard dans celui des soldats, l'arme prête.

Un instant de silence. Le « commandant » laissait tomber son bras, armé du revolver.

— Bon, ça va. Rentre chez toi...

Pierre Vérot soupire. Pour abandonner son mur, il est obligé d'enjamber des cadavres. Il est soulagé. Mais il n'est pas entièrement rassuré. Il sait qu'il lui faudra encore affronter des situations tout aussi délicates. L'occupation ne fait que commencer.

TROISIEME JOUR

LUNDI 15 MAI

Pierre Vérot (en civil). *Chef mécanicien à la Gécamines, il estimait que c'était son devoir de montrer l'exemple... Toujours cette petite phrase qui dansait dans sa tête : « On ne tire pas sur quelqu'un qui vous regarde en face... »* (Photo Pugin/Sunset)

Le colonel Erulin (à gauche), commandant le 2e R.E.P., et le colonel Gras, chef de la mission militaire au Zaïre. (Photo Berges/Sygma)

Le colonel Larzul, attaché militaire à l'ambassade de France. *Comme toutes les "vocations tardives" (il a effectué son premier saut à quarante ans), le colonel Larzul a la foi chevillée au corps.* (Photo H. Bureau/Sygma)

'rès de Calvi, le camp Raffali est
a base du 2e R.E.P. Au centre de
'esplanade, on aperçoit le monu-
nent aux morts, reproduction
xacte de celui de Sétif, maison
nère des légionnaires-parachutis-
es en Algérie. (Photo 2e R.E.P.)

mbarquement à Solenzara. A
extrême droite, le général La-
ze, commandant la 11e division
rachutiste, venu assurer le R.E.P.
 sa confiance et de ses vœux.
'hoto 2e R.E.P.)

 commandant Govys, qui fit
nbarquer tous les véhicules pour
 Zaïre, aux commandes du Ga-
xy (pour rire...). (Photo 2e R.E.P.)

s camions du R.E.P. dans
vion géant Galaxy, à Solenzara.
oto 2e R.E.P.) ▶

Jeunes paras zaïrois du 311e bataillon. *Ils s'élancent en poussant le cri de guerre de leurs aînés : Kangc diablos !* (Photo "Paris-Match"/Virgili)

Le capitaine zaïrois M'Bo aux commandes d'un Mirage.

Lacan, nom de Dieu ! Où es-tu ?... Il n'est pas loin. A moins de vingt mètres. Mais pas à côté, au-dessus.

1. *L'adjudant Pou vient d'entrer en scène... avec discrétion et efficacité.* (Photo 2e R.E.P.)

2. *Grail (4e Cie) est un fonceur. Impatient de combler le retard pris sur ses camarades.* (Photo 2e R.E.P.)

3. Le médecin-capitaine Morcillo bondissait dans le premier avion. (Photo 2e R.E.P.)

4. De gauche à droite : les colonels Goupil, Erulin et Lhopitallier. (Photo 2e R.E.P.)

5. De gauche à droite : les capitaines Molle (Tchad), Grail et Coevoet, l'adjudant Ivanov. (Photo 2e R.E.P.)

1

2

3

4

5

Le combat s'engage aussitôt... (Dans les rues de la Nouvelle Ville.) *Les réflexes jouent et les hommes bondissent, comme on le leur a fait faire cent fois à l'exercice.* (Photo Berges/Sygma)

1

2

3

4

1. L'adjudant Hessler. (Photo 2e R.E.P.)

2. Le capitaine Coevoet, "Mouette-Alpha". (Photo "Paris-Match"/ Virgili)

3. Le lieutenant Verna et ses mortiers. (Photo 2e R.E.P.)

4. *Le sergent-chef Daniel est atteint. Il meurt presque aussitôt.* (Photo 2e R.E.P.)

5. Le capitaine Poulet (1re Cie)... *aussi à l'aise que dans un salon parisien.* (Photo Berges/Sygma)

6. Le capitaine Dubos (2e Cie)... *ses camarades l'appellent familièrement "Bobosse".* (Photo H. Bureau/Sygma)

5

6

De gauche à droite, en tête de leur stick, les capitaines Ferret (médecin principal), Coevoet (officier opérations), Thomas (officier renseignements), Quiniou (officier appuis). (Photo 2e R.E.P.)

« Gris de Soleil, j'écoute », dit Erulin. (Photo H. Bureau/Sygma)

« J'ai trouvé le charnier » (dans les bureaux de la société Baron-Lévêque), *informe Grail. Son infirmier regarde, impuissant, l'épouvantable gâchis de vies humaines. C'est lui qui va découvrir, sou l'entassement des cadavres, une femme qui respire encore.* (Photo H. Bureau/Sygma)

▶

... des tireurs d'élite qui, avec leur fusil à lunette, font mouche à trois cents mètres. (Photo Pugin/Sunse

De jardins en jardins, faisant bondir leurs voltigeurs par-dessus les clôtures. (Photo Chauvel/Sygma

« Ici Vert, dit Poulet (X) dans le poste. Je me dirige vers le point Charlie. » (Photo Berges/Sygma)

Le capitaine Dubos (2^e Cie) dans la brousse des environs de Kolwezi. (Photo H. Bureau/Sygma)

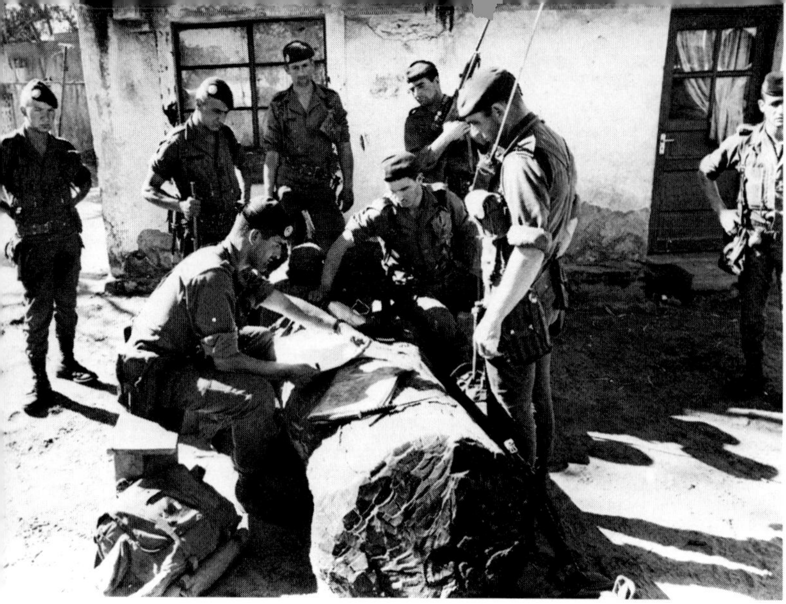

Le lieutenant Bourgain étu
die le plan de la cité Manika
à Kolwezi. (Photo Pugin
Sunset)

Le colonel Erulin au cour
d'une opération aux envi
rons de Kolwezi. (Phot
Chauvel/Sygma)

Les "Tigres" katangais s
replient vers le Sud-Oues
à travers la Zambie. (Phot
Bill Campbell/Sygma)

.es légionnaires-parachutistes dans
:s herbes à éléphant, près de Métal-
haba (20 mai 1978). (Photo M. Ar-
ıult/Gamma)

e sergent-chef Milésie (à gauche) et
adjudant Schyns défilent à la tête
e leurs hommes, le 19 juin 1978,
Bastia. (Photo 2e R.E.P.) ▶

:s chuteurs de la S.E.R. (de gauche
droite) : Cne Jolivet, a/c Fayolle,
ne Halbert, a/c Collette, adj. Cote,
j. Otto, adj. Hosteins, adj. Pou,
j. Stroming. (Photo 2e R.E.P.)

Le lieutenant Banal, adjoint à la 3e Cie, devant le capitaine Gausserès. (Photo 2e R.E.P.) ▼

Un spectacle insolite et charmant... C'est un hommage personnel du général Mobutu qui a mobilisé à leur intention l'apparat de son escorte personnelle. (Photo Darquennes/Sygma)

La garde au drapeau du 2e R.E.P. (de gauche à droite) : caporal-chef Goby, caporal-chef Stasso, lieutenant Raymond, adjudant Dapont, adjudant-chef Hessler. (Photo 2e R.E.P.)

Le capitaine Gausserès défile à la tête de la 3e Cie, à Bastia, le 19 juin 1978. Au second plan, les lieutenants Wilhelm (à gauche) et Banal. (Photo 2e R.E.P.)

E. André Ross, ambassadeur de France au Zaïre, et sa femme. *Un homme affable, cultivé, d'une urtoisie rare... Le poids de son autorité, il vient de le jeter dans la balance.* (Photo Pugin/Sunset)

1

2

3

4

1. Le médecin principal Ferret décoré par le général Lacaze. (Ph 2e R.E.P.)

2. Le capitaine Legrand, *un chanceux*. (Photo 2e R.E.P.)

3. Le lieutenant-colonel Bénézit, un ancien du 1er R.E.P. (Ph 2e R.E.P.)

4. Le capitaine Gausserès, un visage qui rappellerait aux anciens ce de Cabiro, le légendaire “Cab”. (Photo 2e R.E.P.)

Devant l’hôtel Impala, à Kolwezi, l’auteur se fait expliquer les opératio par les officiers de la 1re Cie. A gauche, on reconnaît le Père Lallema aumônier du 2e R.E.P.

KINSHASA

A l'ambassade de France, tout le personnel a été mobilisé pour obtenir et collationner les informations qui parviennent de plus en plus difficilement de Kolwezi. Pourtant, ni André Ross ni le colonel Gras ne se font plus guère d'illusions. Toutes leurs craintes étaient encore en dessous de la réalité.

A l'apparente mansuétude des rebelles katangais à l'égard des Européens, à leur relative discipline a succédé un raidissement de leur attitude. Déjà, on fait état d'exécutions sommaires, de pillages, d'exactions.

— De plus, ajoute le colonel Gras, les magasins sont fermés, parfois pillés, rendant le ravitaillement précaire sinon inexistant. L'eau se fait rare... Des tribunaux révolutionnaires auraient été constitués qui jugent et fusillent des « criminels ». Un renseignement parvenu hier soir à Lubumbashi fait état de dix Belges et d'un Italien exécutés sommairement...

André Ross montre son inquiétude dans les messages qu'il adresse à Paris. Mais Paris reste muet.

A 10 heures du matin, il convoque ses deux collaborateurs, les colonels Larzul et Gras :

— Voici un message qui vient de me parvenir : cela va peut-être accélérer les choses.

Les officiers se penchent et lisent :

« ... la communauté belge de Kolwezi vient de demander à Bruxelles une intervention aéroportée... »

Gras redresse la tête. Derrière ses lunettes à monture d'or, ses yeux luisent d'excitation :

— Il faut en faire part à l'Elysée, dit-il.

L'ambassadeur décroche le téléphone. Persuadé maintenant que le président de la République n'a pas l'intention d'agir seul, il n'est pas mécontent d'apprendre que les Belges vont être contraints de prendre enfin une initiative. Dans cette affaire, il se fait l'effet d'un coureur de fond qui doit impérativement laisser mener ses concurrents afin d'épargner ses forces, pour pouvoir les doubler dans la dernière ligne droite et les coiffer au poteau.

— Nous allons nous mettre au travail, explique-t-il un peu plus tard. Mais chacun de notre côté. Et, pour avoir l'esprit plus libre, nous nous installerons à notre domicile.

Un sourire : la psychose est parfois mauvaise conseillère.

Larzul et Gras approuvent. C'est le moment de conserver la tête froide.

— Je suis invité ce soir à un cocktail donné par les Forces armées royales marocaines, fait observer Yves Gras. Je suis certain que je rencontrerai M. Van Sina, le chargé d'affaires belge. Je le connais bien, nous avons effectué ensemble, récemment, un voyage de plusieurs jours au Kivu.

— Essayez de le sonder ? suggère André Ross.

Le colonel Gras approuve avant de prendre congé.

Au cocktail des Marocains, l'ambiance est étrangement tendue, tout entière captée par l'attention portée aux événements du Shaba. Les Zaïrois font bande à part, affectant le plus grand calme, mais, en les observant à la dérobée, le colonel Gras surprend des conversations à voix basse, des regards discrètement portés aux montres. D'ailleurs, pour une fois, les officiers ont conservé avec eux le petit poste émetteur-récepteur qui permet de les joindre à tout instant. De plus, ils ne s'éloignent guère de l'entrée, où se trouve le téléphone.

Parmi les autres invités, la réserve domine. Tous attendent les directives de leur gouvernement pour prendre position, et annoncer un ralliement sous la bannière mobutiste.

Le colonel Gras est crispé, impatient. Il réfléchit constamment à son problème, même lorsqu'il sacrifie aux toasts ou aux autres mondanités. Et puis, il en a soudain assez. Il repère la haute silhouette de M. Van Sina, le chargé d'affaires belge, qui assure l'intérim de l'ambassadeur lorsque celui-ci est absent.

Il l'aborde et, après l'évocation banale de leur dernier et récent voyage au Kivu, la province de l'Est, au bord des grands lacs, il passe à l'attaque :

— Vous devez savoir que si vous ne vous décidez pas à l'intervention, vous serez tenus pour responsables des massacres qui vont se dérouler dans les heures prochaines à Kolwezi.

Le chargé d'affaires prend un air embarrassé et rétorque, avec un peu trop de vivacité :

— La décision ne m'appartient pas.

Le colonel Gras ne mâche pas ses mots. Trahissant sa tension, un peu de rose monte à ses joues :

— Votre devoir est de faire l'impossible ! — Puis, un ton plus bas, d'une voix que l'angoisse assourdit : — Il faut faire pression pour que votre gouvernement décide d'intervenir au plus tôt. Dans votre entourage, on n'entend qu'une expression : « On exagère, on exagère ! » Vous savez que c'est faux. Et vous êtes sûrement encore mieux informé que nous ne le sommes. Vous ne pouvez ignorer ce qui se passe. Je répète que votre devoir est d'arracher cette intervention !

Il conclut, en appuyant sa phrase d'un geste de la main :

— Vous n'avez pas le droit de vous dérober...

M. Van Sina est un diplomate professionnel. Il devrait peut-être se montrer choqué de cette prise à partie un peu trop directe. Mais, s'il hoche la tête, c'est parce qu'il est, pour sa part, convaincu de la justesse des objurgations du colonel français. Seulement, il ne peut le lui dire de façon nette. Aussi tourne-t-il les talons, avec un salut glacial du buste. Pourtant, le colonel Gras est maintenant certain que M. Van Sina fera tout ce qui est en son pouvoir pour fléchir son ambassadeur, et plaider auprès de Bruxelles la cause de l'intervention militaire.

Dans la voiture qui le ramène chez lui, le colonel Yves Gras réfléchit.

Sous son air de technicien froid et distant, Yves Gras est un homme passionné. A cinquante-six ans, il touche au bout d'une carrière militaire bien remplie. De taille moyenne, le cheveu blanc, l'œil marron, aigu derrière ses lunettes à monture dorée, il a un visage mince aux traits accusés, avec ces mille petites rides creusées par une vie passée sous des latitudes que le soleil matraque.

Trente-sept ans de service déjà. En 1941, Yves Gras préparait Saint-Cyr dans les rangs de la promotion Charles-de-Foucauld née à Aix-en-Provence où l'Ecole spéciale militaire s'était repliée depuis l'armistice de juin 1940, une promotion composée de garçons, trop jeunes pour avoir tiré les dernières cartouches sur la Loire, avec leurs anciens, les cadets de Saumur, suffisamment motivés pour préparer la revanche. Le 11 novembre 1942, la zone « libre » est envahie. Dès le lendemain, Aix-en-Provence est occupée par les troupes italiennes. Yves Gras et ses camarades ripostent aussitôt et s'enferment dans l'école. Mais les Allemands réagissent, durement. Le 27 novembre, ils encerclent l'école, exigent le dépôt immédiat des armes et la dispersion des élèves-officiers.

Alors, dans la nuit, devant les Allemands et les Italiens en armes, la promotion Charles-de-Foucauld décide de remettre à ses jeunes qui n'ont qu'un mois d'école le plumet de la gloire et du sang. Cérémonie grandiose et tragique. Rares sont les élèves de ces deux promotions qui ne puiseront pas dans ce geste de défi un patriotisme ardent et absolu. Yves Gras sera de ceux-là.

En février 1943, Yves Gras campe à Saint-Girons, dans les Pyrénées, avec des camarades des Chantiers de Jeunesse. Il prépare son évasion vers l'Espagne. Mais, une fois encore, les Allemands le prennent de vitesse. Ils bouclent la région, la déclarent « zone interdite ». Ils font évacuer le chantier dans une région moins propice aux tentations d'envol, à Thiviers au cœur de la Dordogne. La mort dans l'âme, Yves Gras doit renoncer à son projet. Pour l'instant du moins. Car, dès le printemps revenu, il met sac au dos, et prend la direction du sud.

Il rallie directement Saint-Girons et renoue avec les filières contactées l'hiver précédent. Très vite, il est inscrit dans un groupe et, après une marche de plusieurs jours, il atteint enfin la frontière. A peine le temps de goûter un peu de l'air de la liberté, le voici aux mains des carabiniers, qui le dirigent vers le camp d'internement de Lérida.

Pour Yves Gras, c'est une chance. Lérida s'avère être le camp le plus « libéral » dans lequel les Espagnols enferment les jeunes transfuges français. D'ailleurs la Croix-Rouge prend en main le sort des internés et au bout de quelques mois, Yves Gras est libéré et dirigé, via le Portugal, vers le Maroc. Il arrive à Casablanca au mois d'octobre, accueilli par une musique militaire, hommage émouvant et fraternel rendu par les Français libres aux jeunes évadés de France.

Il signe son engagement et choisit la Coloniale. Il ne la quittera plus. Après l'épopée de la campagne d'Italie dans les rangs de la 1ᵉʳ DFL, c'est l'Alsace dans les premiers jours de 1945, où il est grièvement blessé. A peine remis de sa blessure, Yves Gras est volontaire pour l'outre-mer. Il arrive à Djibouti en fin de 1945. Trois ans plus tard, le voici à Madagascar, à temps pour s'instruire au contact de la rébellion.

Son expérience va lui servir : l'année suivante, il débarque en Indochine. Fasciné par le pays, il y demeure trois ans. Dès lors, sa carrière est un constant combiné d'action et de réflexion, qui devrait déboucher sur les postes les plus élevés de la hiérarchie, les responsabilités les plus hautes.

Seulement Yves Gras possède un caractère peu enclin aux concessions, fussent-elles de vocabulaire. Pour lui, un chat est un chat et une connerie une connerie. Et quand il en débusque une, il n'a de cesse de l'avoir dénoncée, dût-elle le mettre en conflit ouvert avec ses supérieurs. Une excellente méthode pour conserver sa propre estime. Un procédé désastreux pour accéder aux étoiles.

Breveté d'état-major en 1953, Yves Gras entre au Cabinet du ministre des Armées où il reste jusqu'en 1956, voyant défiler, goguenard et sceptique, cinq ministres successifs en dix-huit mois. Alors, il rentre dans le rang, rejoint l'Algérie et épouse la veuve du commandant Kah, tué trois ans plus tôt à Diên Biên Phu.

Vingt ans vont passer. De 1956 à 1976, alternent, pour lui, séjours outre-mer et périodes métropolitaines. Il connaîtra successivement le Sénégal, Madagascar, le Maroc, passera quatre années à l'Ecole de Guerre, dont deux pendant lesquelles il professera l'histoire militaire.

Lieutenant-colonel, il doit effectuer son temps de commandement. Parachutiste, il « reçoit » le 2ᵉ RPIMa, prenant la suite du célèbre Guilleminault, la fameuse gueule cassée que tous les vieux parachutistes ont croisé sur les diguettes d'Indochine ou les djebels algériens. Un fameux homme. Un grand chef. Yves Gras assure sans complexe cette succession difficile. Il commande. Il réfléchit aussi et tire des enseignements approfondis sur les possibilités opérationnelles et tactiques d'un bon régiment para.

Deux ans passent. Nommé attaché militaire au Viêt-nam, de mai 1974 à août 1975, il assiste à la panique créée par le départ des Américains. Quatre mois durant, il vit sous le régime communiste.

Mais il doit rentrer. Pour son nouveau séjour en métropole, le choix des postes est restreint. On lui offre seulement d'assumer les fonctions de délégué militaire départemental auprès des préfets de Nevers, de Dijon ou de Nice. Il n'arrive pas à se décider. Comme « voie de garage », il aurait franchement préféré Béthune ou Romorantin. Alors, provisoirement, il accepte d'être examinateur à l'Ecole d'application de l'infanterie à Montpellier.

Il ne se presse pas. Il attend. Et il a raison, sa bonne étoile ne le quitte pas. Un matin de 1976, le téléphone sonne :

— A la DPMAT[1] on cherche un officier pour diriger la mission militaire d'assistance technique au Zaïre. Es-tu partant ?

Yves Gras ne s'est pas donné le temps de la réflexion. Le Zaïre, c'est le cœur de l'Afrique. Là-bas, il pourra, peut-être, peser sur l'événement. Ne pas seulement subir, s'endormir en attendant la retraite. Et, si cette affectation doit être la dernière, autant la passer au Zaïre. Avant même d'avoir répondu « oui », il est parti.

Quelques mois plus tard, c'est la guerre au Shaba. Parmi les officiers qui encadrent les troupes marocaines, le colonel Yves Gras a la satisfaction de retrouver plusieurs de ses anciens élèves qu'il a formés quelques années plus tôt, lorsqu'il commandait l'Ecole d'état-major de Rabat. Ces derniers savent qu'ils pourront compter sur sa compétence et son autorité. C'est, pour eux, une garantie : leur confiance et leur sympathie ne sont pas sans réticence à l'égard des Forces armées locales et de leur chef...

Pour Yves Gras, cette offensive au Shaba dans les premiers jours du printemps de 1977 n'a pas réellement constiué une surprise. Certes, officiellement, on a affecté l'étonnement, et Mobutu a tout fait pour dramatiser l'événement de façon

---

1. Direction des personnels militaires de l'armée de Terre.

à obtenir un consensus international et l'aide des pays amis, la France et le Maroc notamment. Mais tout cela était prévisible. Trop d'intérêts politiques sont en jeu, trop d'appétits économiques aiguisés par cette province, la plus riche du Zaïre, la seule garantie que puisse offrir le gouvernement de Kinshasa pour enrayer une banqueroute qui se profile à l'horizon et serait immédiate sans le cuivre et les diamants de la Gécamines.

Après la « victoire » de mai 1977, tout est rentré dans le calme. Mais Yves Gras sait, comme tous ceux qui suivent de près la situation dans ce pays, que ce n'est qu'un répit. Mobutu a écarté le danger, il n'a pas résolu le problème.

Dans sa voiture, Yves Gras réfléchit. Il s'est fait auprès de tout le monde l'avocat de la solution militaire, principalement parachutiste.

« Seulement, pense-t-il, si nous recevions le « feu vert » dans les heures qui suivent, nous serions hors d'état de passer concrètement à l'exécution. »

Il estime alors qu'un délai supplémentaire, dans les heures présentes équivaudrait à la condamnation à mort de civils innocents. Il doit prendre les devants, anticiper les ordres, se préparer à les exécuter sitôt reçu l'accord de principe.

En arrivant chez lui, il a déjà esquissé les grandes lignes du plan de l'intervention. Il fait avertir le colonel Larzul, l'invite à le rencontrer :

— J'ai décidé de mettre sur pied le schéma tactique de l'opération aéroportée sur Kolwezi. Acceptez-vous d'être mon adjoint ?

Larzul n'hésite pas une seconde :

— Avec joie, répond-il.

Comme toutes les « vocations tardives » (il a effectué son premier saut à quarante ans) le colonel Larzul a la foi chevillée au corps. Il possède en plus une pratique certaine de l'emploi des grandes unités aéroportées, puisqu'il a servi au 13e régiment de dragons parachutistes, et, tout récemment, sous les ordres du général Caillaud, à la 11e division para, avec une passion de néophyte.

L'idée de préparer une opération aéroportée délicate ne peut que susciter son enthousiasme. Gras peut être certain que s'il a besoin d'un colonel pour accompagner les paras sur Kolwezi, Larzul n'abandonnera sa place à personne.

La tâche qui attend les deux hommes est colossale. Tout est à créer, à improviser. Il n'y a pas d'état-major de troupes aéroportées à Kinshasa. Les moyens du bord sont inexistants. Quant à la mission militaire d'assistance technique dont Gras est le chef, il est hors de question de l'utiliser. Elle comprend quatre détachements techniques commandés par des officiers de qualité :

— Il n'est pas question d'en prélever un seul, dit-il. On ne peut les distraire de leurs occupations actuelles, surtout en un pareil moment, alors que la guerre rend leur présence encore plus nécessaire.

Sur l'organigramme, le colonel Gras coche les noms :

— Le lieutenant-colonel Brenot doit résoudre tous les problèmes qui concernent les Mirage dont disposent les Forces aériennes zaïroises. Le capitaine Cochet veille à la maintenance des hélicoptères, et ce n'est pas un mince travail.

« Pour sa part, le lieutenant-colonel Bardet est responsable des automitrailleuses basées à M'Banza Ngungu, le centre d'instruction de l'artillerie et des blindés zaïrois.

« Quant au lieutenant-colonel Ballade et à ses cadres, ils ont la lourde charge de former la brigade parachutiste zaïroise sur laquelle le général Mobutu fonde ses plus grands espoirs. Cette brigade est actuellement en formation implantée au centre d'entraînement des troupes aéroportées (CETA) de N'Djili, en face de l'aéroport de Kinshasa. Il est impossible de leur demander de sortir de leurs activités présentes.

Après un bref passage en revue de tous les officiers français en poste à Kinshasa, les deux colonels portent leur choix sur deux d'entre eux qui ont été affectés à l'état-major des FAZ dans le cadre de la réorganisation décidée après la première guerre du Shaba. Ce sont le lieutenant-colonel Vagner et le commandant Capelli.

— Larzul, dit le colonel Gras, vous prendrez en compte la recherche et la classification des renseignements opérationnels. De son côté, Vagner aura pour mission d'organiser l'opération proprement dite.

Larzul, Vagner, Capelli, ce sont les chances d'Yves Gras. A eux quatre ils vont former une équipe qui, épaulée par l'ambassadeur, va tout prévoir, tout mettre en œuvre pour qu'une opération aéroportée effectuée à huit mille kilomètres de la France soit non seulement possible, mais constitue un succès.

Aucun ne doute. Aucun ne va ménager sa peine pour gagner ce pari insensé.

Des trois officiers, Philippe Vagner est le plus jeune. Cyrard de la promotion Amilakvari (1954-1956), il a choisi les troupes de Marine à sa sortie de l'école. Né par hasard à Boulogne-sur-Mer, où son père, gendarme, était en poste, il a successivement vécu en Guyane et en Indochine. Et, comme son père, il a voulu servir outre-mer. L'Algérie, la Mauritanie, le Tchad, le Cameroun, Madagascar, voilà quel a été durant vingt années son horizon. Ses armes parachutistes, il les a effectuées au 8e RPIMa où, six ans durant, il a été un chef de section remarqué, sous les ordres du fameux colonel Kohler.

Son travail d'état-major, il l'a appris au Tchad et à Marseille au sein de la 53e division militaire.

Il est prêt.

L'intention initiale de Gras était d'utiliser les parachutistes zaïrois appartenant à la brigade actuellement en formation en les « corsetant » de deux compagnies de parachutistes français.

Seulement, en tenant compte des réticences montrées par Paris à l'envoi de troupes françaises, même en nombre limité, il prévoit un autre plan, réalisable avec les seules forces des FAZ. Il en soumet l'idée au général Ba Bia, le chef d'état-major :

— Vous pourriez mettre en place à Lubumbashi un renfort constitué de trois bataillons, explique-t-il. Le 133e bataillon, actuellement basé à Kinshasa, le 311e bataillon para à l'instruction au CETA de N'Djili et, enfin, le bataillon constitué par les élèves officiers de Kananga[1].

« Ces trois bataillons pourraient être facilement aérotransportés à destination par réquisition des avions civils de la compagnie « Air Zaïre ».

« La mission prioritaire de ce renfort serait de tenir sans esprit de recul le pont de Lualaba, à trente kilomètres à l'est de Kolwezi, point de passage obligé à travers les marais de Kazembe. »

L'état-major approuve le plan. Mais, pour une raison incon-

1. Ex-Luluabourg.

nue, seuls deux des trois bataillons prévus arriveront à Lubumbashi.

Pendant ce temps, Larzul et Vagner, aidés du commandant Capelli, mettent au point la préparation d'une opération aéroportée sur Kolwezi. Yves Gras leur a demandé d'envisager deux hypothèses : soit une intervention en coopération avec les parachutistes belges, soit une intervention exclusivement française.

— Il va sans dire que, pour la première hypothèse, vous pourrez travailler avec le colonel major Van Melle.

Larzul apprécie le major. C'est l'un des patrons de la mission de coopération belge; il connaît le pays et l'armée zaïroise comme sa poche. Il est enchanté de cette mission qui sort du cadre, un peu trop conventionnel à son goût, des missions officielles, et il partage, pour sa part, entièrement les vues du colonel Gras.

QUATRIEME JOUR

MARDI 16 MAI

I

KINSHASA

10 heures.

Pendant que le colonel Gras mettait au point les détails de l'intervention militaire au Shaba, en accord et en liaison avec l'état-major des FAZ, André Ross, l'ambassadeur, rassemblait toujours les informations concernant la situation à Kolwezi. Elle empirait d'heure en heure.

Tôt le mardi 16 mai, il faisait chercher le colonel Gras à son domicile et, ensemble, les deux hommes se rendaient à la présidence où André Ross avait obtenu un rendez-vous pour dix heures du matin.

Bien que le général Mobutu n'ait pas pu ignorer la gravité de la situation au Shaba, il affichait toujours ce même air placide et serein, parlant encore de « contrôle par les FAZ » de la situation, en dépit de la pression exercée par les rebelles et leurs cadres cubains.

— Certes, admettait-il, les combats se poursuivent, mais, dans l'ensemble, nos forces ont repris les choses en main...

— Pourtant, observait André Ross, les renseignements que nous avons reçus nous permettent de craindre pour la sécurité de nos ressortissants. On nous a parlé de tribunaux d'exception, d'exécutions sommaires...

Mobutu écartait la remarque et, sans s'émouvoir, laissait

entendre que ce n'étaient que des bruits qui restaient à vérifier.

A aucun moment, notait le colonel Gras, le général Mobutu n'avait fait allusion ni à sa demande « d'aide de toute nature » émise l'avant-veille ni à la forme que la France souhaitait lui donner.

Après un quart d'heure d'entretien, André Ross et Yves Gras quittaient le bureau du président perplexes.

— Avez-vous remarqué que la porte de son bureau est restée ouverte après notre départ ? demandait l'ambassadeur. C'est contraire à tous les usages et jamais encore je n'avais observé le fait. Croyez-moi, c'est un signe patent du désarroi qui règne dans l'entourage du chef de l'Etat et dément son impassibilité apparente.

De retour à l'ambassade de France, André Ross s'attaquait à la rédaction d'un très long télégramme destiné à Valéry Giscard d'Estaing. Il souhaitait expliquer les raisons qui, à son avis, motivaient le déclenchement urgent d'une opération aéroportée. Elles se résumaient à quatre points, se situaient sur quatre plans :

— Les trois mille Européens qui résident à Kolwezi constituent autant d'otages aux mains des rebelles katangais.

— Les exécutions sommaires, les assassinats, les pillages laissent redouter des massacres plus importants encore.

— La situation empire d'heure en heure.

— Il est à redouter que les rebelles, maintenant installés dans la place, ne commencent à opérer un regroupement des populations qui faciliterait les exécutions massives.

André Ross avait en outre la conviction que les négociations dont, à mots couverts, on évoquait l'éventualité entre le gouvernement belge et les représentants à Bruxelles du FNLC n'étaient qu'un leurre. Elles feraient de plus courir des risques supplémentaires aux Européens de Kolwezi, car elles constitueraient l'amorce d'un chantage monstrueux.

Et, pour la première fois, André Ross prenait parti officiellement : il affirmait que seule une opération aéroportée, effectuée *dans les quarante-huit heures,* avait des chances de sauver la population.

Pour un diplomate de métier, ce dernier paragraphe était un engagement personnel. André Ross le savait bien qui mettait son autorité et sa compétence en balance pour obtenir la décision du chef de l'Etat.

L'Elysée se bornait à accuser réception, sans autre commentaire. Mais André Ross devait apprendre que, quelques heures plus tard, le président Giscard d'Estaing avait eu avec le général Mobutu une longue conversation téléphonique. Cette fois, le président zaïrois s'était montré moins serein, moins optimiste. Il n'avait même pas caché que la situation lui échappait totalement et qu'il ne voyait pas l'avenir avec confiance.

Sitôt son télégramme expédié, André Ross avait reçu une visite significative : un Français de Lubumbashi apportait lui-même le résultat de conversations téléphoniques qu'il avait eues, le matin, avec des compatriotes de Kolwezi :

— Je confirme en tous points les propos de M. Thauvin, consul de France. Il n'y a plus d'eau, plus d'électricité, plus de ravitaillement possible. J'ajoute que les exécutions se multiplient. Les Français vivent dans la terreur et ne sont même plus à l'abri dans leurs maisons...

André Ross avait pris des notes :

— Je vais vous faire conduire chez les représentants américain et belge de Kinshasa. Vous leur répéterez ce que vous m'avez dit...

Un peu plus tard, l'ambassadeur prenait contact avec son homologue belge :

— On exagère, on exagère, affirmait ce dernier.

— C'est un refus absolu de voir la situation telle qu'elle se présente, commentait le colonel Larzul.

— Et pourtant, Belges et Américains sont mieux armés que nous, pour savoir exactement ce qui se passe là-bas, grondait Yves Gras.

— Cela ne change rien à mon sentiment, concluait André Ross : je suis et je reste partisan d'une intervention mixte franco-belge, avec l'appui des Américains. Mes raisons sont à la fois militaires et politiques. Militaires parce que cela permettrait d'aligner des effectifs importants qui pourraient coiffer la ville sans coup férir ; politiques pour ne pas laisser aux seuls Français la responsabilité d'une action armée au Zaïre.

Après un instant de silence, sourcils froncés, l'ambassadeur concluait :

— Il est indispensable que les nations occidentales se décident à mettre un frein à l'offensive soviéto-cubaine en Afrique. Il est clair que, réduits à leurs seuls moyens, les Katangais n'auraient pu monter une offensive d'aussi grande envergure. Dans ces événements, il faut également voir plus loin que le Shaba et admettre que ce coup porté à l'unité du Zaïre est l'expression d'une manœuvre plus vaste. Comprendre cela est fondamental.

Les deux officiers n'avaient plus à être convaincus. Toutefois, au vu de l'attitude des représentants belges à Kinshasa, le colonel Gras n'était guère optimiste sur les chances d'une participation des paras-commandos de Bruxelles à une opération aéroportée :

— D'autant, et c'est confirmé, que M. Simonet, le ministre belge des Affaires étrangères, a laissé entendre qu'il envisageait de négocier avec le fils Tschombé...

— Je sais. M. Simonet fait preuve en cette occasion d'une grande naïveté. Il est bien évident que les « intellectuels katangais » qui résident à Bruxelles et s'érigent en « représentants » ne sont détenteurs d'aucun mandat, et n'auront aucune influence sur les troupes rebelles du FNLC qui se trouvent à Kolwezi.

Larzul et Gras approuvaient. Aux derniers renseignements, il s'avérait que les « Katangais » ne semblaient plus observer la discipline stricte des premiers jours.

— Ils sont arrivés fourbus, épuisés par une longue marche. Après trois jours de repos, ils « se défoulent » dans la ville. Pour eux, pillage, meurtres, exactions sont le privilège des vainqueurs...

— En minimisant la gravité de la situation, reprenait André Ross, M. Simonet s'enferre. Il répète : « L'essentiel c'est d'y voir clair. » Je me demande ce qu'il lui faut ! La situation est on ne peut plus limpide... Hélas.

Tandis que l'équipe Larzul, Vagner et Capelli se penche sur les cartes de Kolwezi récupérées à l'Institut géographique national du Zaïre et hâtivement assemblées, pour mettre au point un plan d'intervention aéroportée, Yves Gras s'efforce de convaincre les états-majors de Paris de la nécessité d'entreprendre une opération sans tarder. Il a le sentiment que l'Elysée attend la décision des Belges, mais ceux-ci, il en a l'intime conviction, jouent depuis le début de l'affaire un drôle de jeu qu'il préfère ne pas qualifier.

Le mardi matin, il appelle le colonel Gérin-Roze, représentant de l'armée de terre à l'état-major du président de la

République pour lui redire son inquiétude et demander au général Vambremeersch, chef de cet état-major, d'avoir un entretien téléphonique avec lui dans l'après-midi. Il expose alors un à un, au militaire le plus écouté du président, tous les arguments qui militent en faveur d'une intervention immédiate.

Un peu plus tard dans l'après-midi, Yves Gras appelle aussi l'état-major des armées (EMA) à Paris afin d'en convaincre les hommes qu'il connaît bien et qu'il tient en haute estime : le général du Payrat, chef de la division « Emploi », le colonel Chabert, vieux camarades Marsouins. Quant au général Loisillon, sous-chef opérationnel de l'EMA, c'est un cavalier, issu de la même promotion de l'Ecole de Guerre, et avec lequel il a travaillé aux cours d'histoire militaire.

La conversation avec Chabert prend un ton incisif :

— Nous attendons les Belges, répond Chabert.

— Enfin ! s'énerve Gras, c'est incroyable ! Nous sommes dans la situation de gens qui assistent à un incendie et se demandent quel est celui qui va tenir l'extincteur !

— C'est exactement cela...

— Eh bien soyez bien tous persuadés, à Paris, que si nous n'agissons pas, nous serons tous accusés de non-assistance à personnes en danger.

Infatigable, le colonel Yves Gras ne se contente pas de harceler Paris. Il est partout, accumulant les renseignements, donnant des indications aux officiers de son « état-major », allant d'une ambassade à l'autre. Depuis samedi, il n'a pas dormi quatre heures par nuit. Mais il ne sent pas sa lassitude. Il est mené par l'impérieux besoin d'agir, persuadé d'être le moteur essentiel de la réaction française. Il sait d'expérience que c'est en restant lui-même sur la brèche qu'il finira par obtenir tout ce qu'il souhaite. Il n'en fait pas une affaire personnelle, étant tout au contraire au service de ce qu'il considère être son devoir élémentaire. Sentinelle avancée, s'accrochant à son poste, il n'a qu'un objectif, provoquer l'étincelle, faire « passer le courant », mettre la « machine sur les rails ».

Il s'efforce parallèlement d'obtenir que les forces armées zaïroises passent à l'action au lieu de palabrer, des heures durant ; depuis lundi soir en effet, il ne lui a guère été possible d'avoir un entretien sérieux avec le général Ba Bia ou l'un de ses adjoints, en « conférence » quasi permanente.

Il ignore que le général Mobutu, commandant suprême des FAZ, a préparé, à son insu, un « grand coup » afin d'être en mesure de prouver à l'opinion publique zaïroise et internationale qu'il conserve l'initiative et se trouve capable de renverser la situation à son profit en gagnant seul la seconde « guerre du Shaba ».

En effet, passant par-dessus sa propre hiérarchie, le président a convoqué le lundi 15 mai, directement à son bureau, le major Mahele, commandant le 311e bataillon de parachutistes zaïrois.

Mahele est un officier d'une trentaine d'années. De taille moyenne, il a un corps d'athlète, large d'épaules, le visage carré, la mâchoire volontaire. Une physionomie avenante, qui respire l'intelligence. Et c'est un excellent officier :

— Mahele, vous allez immédiatement désigner une compagnie qui sautera directement au-dessus de Kolwezi.

Mahele se fige, au garde-à-vous, fier de savoir que le chef de l'Etat compte sur lui, mais lucide sur la portée de l'ordre reçu. Pour l'instant, la seule réserve qu'il pourrait formuler consiste dans la tactique choisie, celle des petits paquets. Il redoute en effet qu'une seule compagnie, larguée en enfant perdu sur l'objectif, n'ait que peu de chances de succès, face à un ennemi six à sept fois plus nombreux et déjà fortement implanté.

Et pourtant, comment refuser la mission ? Pour Mahele, il n'en est pas question une seule seconde. Militaires, ses hommes et lui-même ont choisi la discipline. Soldats, et parmi les meilleurs, ils sont là pour se faire tuer.

L'opération prévue par l'état-major zaïrois comprend deux actions simultanées. Tandis que les parachutistes zaïrois seront largués à proximité du quartier « P 2 », à l'est de la Nouvelle Ville, où se trouve le siège de l'état-major local des FAZ, qui résiste encore, le reste du 311e bataillon, aux ordres du major Mahele, fera mouvement par la route, de Lubumbashi à Kolwezi, pour effectuer dans les plus brefs délais la liaison avec l'élément parachuté et renforcer les troupes chargées de reconquérir la ville.

Quand il quitte la résidence du mont N'Galiéma, le major Mahele ne se fait pas beaucoup d'illusions. Son bataillon est en pleine formation et n'aurait de valeur que s'il était employé groupé, chacune des compagnies servant de support, de soutien, sinon d'exemple aux autres. Or, rien n'est plus vulnérable qu'une troupe parachutiste au début de sa mission : elle doit se dégrafer, se débarrasser de son harnais, se regrouper et reconnaître le terrain. Suivant le degré de son entraînement, elle peut raccourcir les délais, réagir avec vigueur. Seulement, au 311e bataillon, on est loin d'avoir atteint ce stade-là.

En trois petits mois d'instruction, le lieutenant-colonel Ballade et ses cadres n'ont pu accomplir de miracle. La 1re compagnie du 311e n'a effectué que six sauts, c'est-à-dire le nombre tout juste suffisant pour obtenir son brevet. La deuxième compagnie n'a effectué que quatre sauts. Quant à la troisième compagnie, elle n'en est qu'au dernier tiers de l'instruction au sol. Jamais encore elle n'a franchi la porte d'un avion.

Le choix est dramatique. Pour cette mission de sacrifice, laquelle de ses compagnies Mahele doit-il désigner ? Personne d'autre que lui-même ne peut prendre cette décision. Alors, la mort dans l'âme, il se résout, dans la soirée, à désigner la deuxième compagnie. Ces jeunes parachutistes, non encore brevetés, n'ont évidemment pas achevé leur premier cycle d'instruction tactique, à plus forte raison n'ont-ils pas commencé la formation spécialisée : ils n'ont jamais entendu parler de regroupement au sol. Ils ne savent pas comment on s'oriente durant la descente. Jamais ils n'ont été entraînés à bondir sur leurs objectifs dès l'arrivée, sans attendre les ordres des chefs.

Avant leur départ, Mahele ne leur cache pas la difficulté de ce qui les attendra au sol. Il explique à chacun leur mission. Puis il leur souhaite bonne chance.

C'est tout ce qu'il peut faire pour les encourager à bien mourir.

II

KOLWEZI

10 heures.

Au lever du jour, la 2e compagnie du 311e bataillon de parachutistes zaïrois est larguée à l'est de la Nouvelle Ville à proximité de l'ancien état-major des FAZ. Et ce qu'avait redouté le major Mahele se produit. Peut-être en pire.

Avant même d'avoir pris contact avec le sol, les jeunes paras sont pris sous le feu des Katangais, postés sur la zone de saut elle-même. Des voilures sont touchées, ce qui montre au moins la densité du tir si cela n'a guère d'importance en soi. Plus grave, des hommes sont tués en l'air. D'autres n'ont même pas le temps de se dégrafer après leur roulé-boulé. Ils sont fusillés, à bout portant, sans aucune possibilité de se défendre ou d'être secourus. Quelques-uns, pourtant, échappent à la tuerie. Ils se dégagent, se regroupent, font front. Mais pour de rares groupes en position de combattre, combien seront exterminés sans avoir pu commencer leur mission ? [1]

De toute façon, à peine larguée, la 2e compagnie peut être rayée des effectifs. En tant qu'unité constituée elle n'existe

1. Un mois après ces événements, il est impossible encore de dénombrer exactement l'état des pertes subies par la 2e compagnie du 311e BPZ.

plus. Des éléments épars s'égaillent dans la nature, menant ici ou là quelques actions visant essentiellement à échapper à la mort ou a la capture. D'autres remontent vers le nord-est. Ils arrivent péniblement, en cours de journée, à établir la liaison avec des éléments des FAZ de Kolwezi qui, de leur côté, ont pu rompre l'encerclement et se replient, eux aussi par groupes éparpillés, sans ordres et bien souvent sans chefs.

Mais, au lieu de se renforcer mutuellement, ces groupes sont très vite réduits à partager leur détresse et leur panique.

Militairement, le sacrifice héroïque de cette 2e compagnie constitue un échec. Il n'est pas irrémédiable, même s'il doit ajouter, dans les heures et les jours à venir, aux difficultés incombant au major Mahele, pour l'instant encore seul à mener le combat.

Et pourtant il va avoir des conséquences tragiques, incalculables. Car, dans une sorte d'accélération des événements, il va être à la charnière de la tragédie qui, bien que prévisible, n'était peut-être pas aussi imminente, aussi totale.

Cette tragédie a des responsables : en premier lieu, les artisans des massacres, mais, bien davantage, ceux qui, par inconscience, légèreté, ou sciemment, ont pris à leur compte, rédigé et fait diffuser — le plus largement possible — des dépêches tendancieuses qui ont jeté de l'huile sur le brasier.

En effet, sitôt la 2e compagnie du 311e BPZ anéantie, le quartier général du FNLC (Front national de Libération du Congo de Nathanaël M'Bumba) à Kolwezi rédige et fait envoyer un tonitruant communiqué de victoire.

Persuadée que les FAZ ont été incapables de concevoir et d'exécuter sans aide extérieure une opération aéroportée — dont l'importance en effectifs a été grossièrement gonflée — la délégation du FNLC à Bruxelles n'hésite pas à claironner que des « *centaines de parachutistes européens ont été tués à Kolwezi par les Katangais* ».

L'agence de presse Belga, relayée bientôt par IPS et un peu plus tard par l'AFP, reprend aussitôt le texte du communiqué et le diffuse sur ses télex, sans prendre la peine, ni de vérifier cette information auprès des ministères compétents (Défense nationale, Affaires étrangères) ni même de l'assortir d'un commentaire ou d'un démenti émanant des gouvernements concernés.

Ce communiqué affirme notamment : « *Ce matin, 16 mai, plusieurs avions de transport de troupe ont parachuté des centaines de soldats d'origine européenne, dont a été déjà certifiée la présence de Belges, aux environs de la ville de Kolwezi.* » Ce communiqué ajoute : « *Pendant que les gouvernements français, belge et américain font croire à l'opinion publique mondiale de ne pas vouloir intervenir au Shaba* (...) *l'intervention est déjà un fait.* [1] »

L'information est déjà fausse, on le sait. Elle est le prétexte au chantage, et l'excuse du massacre déjà en cours. Car le communiqué est explicite sur ce point : « *Nous lançons un sérieux avertissement : si l'intervention des troupes étrangères se poursuit, il y aura de graves conséquences sur ces mêmes ressortissants ainsi que sur les installations minières qui ont été minées par nos saboteurs...* »

En réalité, cet « avertissement » de quelques intellectuels de Bruxelles ne serait que rodomontades si, repris par les agences et les radios, il n'était capté, à Kolwezi même, par les Katangais qui disposent de postes récepteurs volés aux Européens.

Et aussitôt, entendant parler du « parachutage et de la mort de trois cents parachutistes européens », ils y croient. Dès lors, la chasse aux Blancs est ouverte.

L'insécurité qui régnait depuis hier, lundi 15 mai, avait contraint une quarantaine d'Européens du quartier « P 2 », le plus visé par les rebelles, le plus soumis aux jugements sommaires, aux exécutions arbitraires, à se regrouper dans les bureaux de la société Baron-Levêque, sur l'avenue Gungu, en face du PC des FAZ locales qui résistaient encore et seraient donc en mesure de les protéger.

La nuit s'était passée dans l'attente. Plutôt calme. Les Katangais n'entreprenaient aucune action, la nuit venue, par superstition et, hormis quelques rafales, tirées accidentellement par quelque gamin maladroit, la ville était silencieuse, plongée dans le noir.

---

1. Ce communiqué a paru le 17 mai dans divers quotidiens parisiens et notamment *Libération* cité ici.

Quand ce communiqué a été remis à l'ambassade de France à Kinshasa, André Ross a piqué l'une de ces colères que redoute son entourage. Comment une agence sérieuse a-t-elle pu se laisser abuser à ce point ? C'est insensé, et c'est grave.

Au matin du mardi, tout change brutalement.

Un officier de l'armée régulière zaïroise affirme :

— Restez ici : dans la journée, des hélicoptères viendront pour vous évacuer vers Lubumbashi.

Les Européens — il y a des Français, des Belges, des Italiens — se forcent à rester là, impatients, n'osant pas croire que leur salut soit aussi proche. Certains voudraient sortir, alerter quelque parent, quelque ami.

— Ne bougez pas, disent les autres.

Il est 11 heures du matin. La chaleur qui règne sur la ville est aggravée, dans les bureaux, par les toitures de tôle ou de ciment que ne combattent plus les climatiseurs, stoppés faute de courant. Les réfugiés attendent toujours. Ils n'ont rien mangé depuis la veille, presque rien bu, seulement quelques sodas que les plus prévoyants avaient emmenés avec eux. Entassés à près de cinquante maintenant dans quatre bureaux de cent mètres carrés, ayant repoussé les meubles contre les fenêtres, ils ont à peine la place de s'asseoir par terre, sur des coussins, des couvertures, voire des dossiers.

Ils sont hésitants. Les hélicoptères annoncés mettent du temps à venir. Ils s'interrogent : vont-ils passer encore une journée ainsi sans personne pour les informer, pour les ravitailler, pour les protéger le cas échéant ?

De l'autre côté de la rue, le PC des FAZ subit encore des attaques. On distingue le fracas des grenades à fusil, les sèches rafales des fusils d'assaut. La situation est confuse et, de leur bâtiment, les réfugiés ne voient rien qu'un rideau d'arbres d'où s'échappe une fumée âcre qui sent l'herbe et le chiffon brûlés.

En fait, ils ne le savent pas, les Zaïrois sont en déroute. Tout à l'heure, ils ont appris qu'un parachutage était en cours. Mais ils ignoraient de quels parachutistes il pouvait s'agir. Eux non plus n'imaginent pas qu'il puisse s'agir d'une opération montée depuis Kinshasa par l'état-major du général Ba Bia. En fait, ils sont sans nouvelles de leurs chefs depuis le samedi soir, et s'ils tiennent, dans leur réduit, c'est autant pour sauver leur vie que pour mener leur mission jusqu'au bout. Au fil des heures, ils ont acquis une mentalité d'assiégés qui se bornent à tenir leur position, sans idée d'en sortir pour « aérer » le dispositif. Ils se défendent. C'est tout. Tout en espérant que les renforts extérieurs ne vont pas trop tarder à venir les dégager.

Et puis — d'où vient le bruit ? Qui l'a propagé ? Personne

ne peut le dire aujourd'hui, mais il est certain que c'est ce bruit-là qui a fait basculer la situation — quelqu'un affirme :

— Les Katangais ont reçu des renforts. Des Cubains ont été parachutés sur la Plaine.

Alors, les Zaïrois qui s'accrochaient encore ont d'un coup le moral brisé. Ils perdent tout espoir d'être secourus. Ils se sentent seuls, abandonnés, livrés pieds et poings liés à leurs ennemis. Si les Cubains arrivent, c'est que la victoire est acquise complètement aux rebelles.

Le processus est enclenché. Le semblant de cohésion qui jusqu'ici les maintenait groupés s'effrite comme sable. La garnison de Kinshasa n'appartient pas à la tribu qui peuple le Katanga. Au contraire. Les soldats sont originaires des provinces du Nord : les Lunda et les Bantous. Une haine raciale les oppose de tout temps aux tribus du Sud qui parlent le swahili. Ils sont persuadés avec juste raison qu'ils ne seront jamais traités en prisonniers, mais en ennemis, en victimes désignées...

Une seule solution, la fuite. Par petits groupes, ils s'égaillent dans les faubourgs, se glissent de rue en rue, de jardin en jardin. Ils espèrent gagner la savane qui commence aux portes de la ville...

Dans les bureaux de la société Baron-Levêque, les Européens attendent toujours. Ils commencent à perdre leur sang-froid. Du côté des FAZ, la fusillade a faibli et si certains pensent à la déroute des réguliers zaïrois, d'autres, plus nombreux, pensent, ou espèrent, que l'attaque a été repoussée.

Soudain des soldats arrivent dans l'avenue.

— Les voilà ! crient quelques hommes, postés en vigie aux fenêtres...

Tout le monde se précipite, enthousiaste, se voyant déjà conduit, sous bonne escorte, auprès des hélicoptères. On attendait les Zaïrois. Mais les soldats qui foncent, en hurlant de joie, le long de l'avenue bordée de flamboyants, ont de curieuses tenues. Le camouflage des battle-dress est plus sombre, la coiffure qu'ils portent sur la tête est étrange et surtout, surtout cet insigne de toile bleue est inconnu encore.

— Les Tigres ! Ce sont les Tigres...

Ils approchent. Ils ont entre les mains des armes disparates, mais que l'on devine prêtes à cracher la mort. Des Kalachnikof, des Uzi d'origine israélienne, des fusils d'assaut M 16 américains, des FAL belges.

— Nous sommes européens ! crient les guetteurs. — Ne tirez pas, ne tirez pas...

Les « Tigres » s'immobilisent. Des gamins. Ils sourient. Entre eux, ils s'appellent « compañeros », ou « camarades ». Ils lèvent la main :

— Approchez ! Sortez tous !

Les deux guetteurs, Yvan et Jean-Claude, deux copains du Football Club de la Gécamines, deux spécialistes en tuyauterie, quittent leur poste et s'avancent, mains écartées du torse pour bien montrer qu'ils ne sont pas armés.

En riant, les gamins relèvent les canons des mitraillettes. Deux rafales. Jean-Claude et Yvan sont abattus. Ils n'ont pas fait un mètre, pas même esquissé un geste de défense.

C'est le signal. Dans les bureaux, les Européens ont reflué contre le mur opposé à l'avenue. Par les fenêtres brisées, les « Tigres » commencent leur travail. Les armes crachent la mort. D'autres, entrés par la porte principale, parachèvent la tuerie.

Les corps tombent, fauchés par les balles. Femmes, enfants, hommes mêlés. Ils ont ces postures de mannequins disloqués, la bouche ouverte, le crâne fracassé.

Des enfants hurlent, des femmes supplient. D'autres se traînent le long des couloirs, glissant dans leur propre sang. C'est la boucherie. Il y a des débris humains jusqu'à un mètre de hauteur.

Dès les premiers coups de feu, deux hommes ont réussi à se glisser dans les lavabos, Gino Jurmann et René Michel. Ils découvrent une trappe dans le plafond. En se faisant la courte échelle, ils parviennent à se hisser sous les combles, le dos brûlé par les tôles bouillantes, mais le cœur glacé d'épouvante. Ils demeureront là durant trois jours entiers, sans bouger, assaillis par l'odeur épouvantable qui se dégage très vite du charnier, redoutant à chaque instant que les Katangais ne les découvrent ou qu'ils ne mettent le feu au bâtiment pour effacer la trace de leur crime.

Ce sont ces deux hommes — et une femme, Mme Radu — qui survivra en dépit de quatre blessures très graves — qui feront aux journalistes le récit de cette première tuerie. Une tuerie qui a fait trente-neuf morts...

Mais les Européens du quartier « P 2 » ne sont pas les seules victimes. Les Cubains sont, semble-t-il, partis dès l'aube et dès lors plus rien ne retient les « Katangais ». Individuellement ou par groupes, ils traquent le Blanc d'une rue à l'autre, d'un quartier à l'autre.

En fin de matinée, deux hommes sont venus chercher Maurice Faverjon. Il s'y attendait :

— Emmenez-moi à l'état-major, dit-il. — Je veux voir votre commandant...

Les Katangais ne disent ni « oui » ni « non ». L'un d'eux parle vaguement de pilotes de Mirage...

— Mais je ne suis pas pilote ! proteste Maurice Faverjon. Demandez donc à M. Istratte, là, en face : il est sur le pas de sa porte...

Interrogé, Istratte rentre précipitamment dans sa maison en tonitruant :

— Ce type, je ne le connais pas...

Maurice Faverjon est poussé, sans ménagements, sur le siège arrière d'une Volkswagen. Par l'avenue Kasa-Vubu, le conducteur l'emmène vers le sud de la ville, vers le faubourg « indigène » de Manika. Maurice Faverjon n'est guère rassuré. De-ci, de-là, au bord des trottoirs, auprès des carcasses calcinées de voitures abandonnées, éparses, au milieu de la chaussée, il voit des cadavres. Encore des cadavres. Certains tout frais : le sang en dégouline encore.

Les Katangais tirent à vue sur tout ce qui bouge.

La Volkswagen avance toujours, très lentement. Et puis, à la hauteur de l'avenue qui longe le lycée Jean-XXIII, un Katangais, le revolver au poing, surgit devant le capot, et tente de faire stopper la voiture.

Le chauffeur agite la main en signe de dénégation et effectue quelques slaloms pour éviter les cinq ou six voitures déjà stoppées, portières ouvertes. Sur le trottoir, pêle-mêle, Européens et Zaïrois ont été parqués, mains sur la tête. Une cinquantaine de personnes, estime Maurice Faverjon.

— Descendez ! tout le monde ! hurle le Katangais au revolver.

Le chauffeur proteste, appuie sur l'accélérateur. Aussitôt l'officier tire, visant les pneus. Les impacts ricochent sur les jantes. Affolé, le conducteur ralentit, cale son moteur.

— Descendez ! tout le monde ! hurle encore l'officier.

Le chauffeur s'exécute. Alors, l'officier katangais le vise et appuie sur la détente. L'arme est vide. C'est à coups de crosse que l'officier se débarrasse du conducteur dont les lunettes voltigent et les pommettes éclatent sous la violence des coups.

Maurice Faverjon profite de cette diversion pour faire basculer le siège avant de la Volkswagen et sortir de la voiture.

— Qu'est-ce que tu fais là ? demande l'officier.

— Je ne sais pas... On est venu me chercher... Je voudrais voir le commandant pour m'expliquer avec lui. Je ne comprends pas...

— Allez, je te dis de fout' le camp...

N'en croyant pas ses oreilles, Maurice Faverjon s'éclipse. Il mesure sa chance insolente qui lui a permis par miracle d'échapper à une mort certaine. Des cinquante personnes qui attendaient sur le trottoir, on n'en reverra aucune vivante. Plus tard, des témoins raconteront qu'on les a obligés à plonger dans le lac tout proche et que les Katangais se sont « amusés à tirer dedans ».

Maurice Faverjon rentre chez lui. Il n'est pas au bout de ses peines. Des Katangais l'attendent devant sa porte :

— Donne-moi ta voiture...

— Elle est en panne.

— Tous les Blancs ont mis leur voiture en panne.

— Ecoutez, voici les clés, essayez-la.

Maurice Faverjon ne s'inquiète pas trop. Même si cela peut sembler étrange aux Katangais, sa voiture est réellement hors d'usage.

— Et l'Allemand, en face ?

— Je ne sais pas.

Les Katangais traversent la rue, vont frapper chez M. Istratte :

— Donne-nous ta voiture !

Istratte rit. Un rire énorme qui lui part du ventre :

— Ma voiture ? Elle est en panne, ha, ha...

Les Katangais se font ouvrir le garage où dort une Mercédès, toute neuve.

— Donne les clés.

— Les voici. — Istratte rit toujours. Il fait sauter entre ses mains le rotor du delco qu'il a soigneusement pris la peine d'enlever.

Les soldats se glissent sous le volant, mettent le contact. Le moteur reste muet :

— Monsieur, disent-ils d'un ton doucereux, trop doucereux, donne-nous la pièce qui manque.

— Vous rigolez ?

Les Katangais ne « rigolent » pas. Un soldat, pas plus de quinze ans, qui se tenait à côté de l'Allemand, se borne à lever le canon de son fusil. Une seule balle. Istratte s'écroule, foudroyé.

Les soldats s'en vont, au volant de sa Mercédès.

Le cadavre de l'Allemand restera devant sa porte.

Istratte n'est pas le seul à mourir pour sa voiture. Partout, en ville, on pille, on tue. Ici, c'est un Grec qui s'opposait au vol d'une boîte de sardines qui est découpé au sabre. Là un Italien qui est abattu pour rien, au moment où il poussait lui-même sa voiture hors de son garage.

Ailleurs, on fusille, en paquet, indifféremment femmes, enfants, Africains ou Européens.

On tue les Français parce qu'on les prend pour des mercenaires, les Belges parce que ce « sont des parachutistes ». On abat des Libanais parce que les Marocains sont venus l'an passé aider le général Mobutu...

C'est le massacre gratuit. Pour le plaisir. Les gosses s'enchantent du pouvoir de leurs armes à feu. La vie n'a plus de prix. Le sang appelle le sang.

Et l'alcool, le chanvre, achèvent d'ôter la raison aux plus sages. Les Katangais se grisent de cris, de bruit, de fureur.

III

LUBUMBASHI

10 heures.

Tandis que la 2e compagnie du 311e bataillon de parachutistes zaïrois se faisait massacrer à Kolwezi, le major Mahele fonçait sur la ville assiégée avec le reste de son unité, pour faire liaison avec elle.

La tactique des « petits paquets » a encore réduit son potentiel. Pour une raison qu'il ne s'explique pas — et que l'on n'a pas voulu lui expliquer à Lubumbashi — on a encore amputé son « bataillon » d'une compagnie, la 3e, restée en réserve. Pour son offensive, en fait de « bataillon », Mahele ne dispose plus que de sa 1re compagnie et de sa section de commandement. Moins de deux cents hommes sur les cinq cents que le 311e compte normalement à l'effectif.

Il en faudrait plus pour décourager le major Mahele. Il a cent cinquante kilomètres à parcourir, dans une zone qui peut, à tout moment, receler des pièges. En effet, cette route qui file plein nord-ouest est parallèle à la frontière et, si les Katangais ont soigneusement préparé leur offensive, la prudence élémentaire et la tactique de base consistait à s'assurer des points de passage obligé, les ponts, les digues, principalement celle qui traverse les marais de Kazembe, à une trentaine de kilomètres à l'est de Kolwezi.

Et pourtant, jusqu'à Likasi [1] le groupement Mahele ne rencontre aucun obstacle sérieux. Sans cesse, le major harcèle ses éléments de pointe : plus vite ! plus vite !

A son groupe de reconnaissance, il n'a donné qu'une consigne :

— En cas d'accrochage, on bouscule et on passe ! Si c'est une embuscade, tout le monde saute des camions et feu à volonté. Pas de détail...

Les camions avancent toujours. Likasi dépassé, voici Lualaba, un pont où il a été précédé par une compagnie du 133e bataillon d'infanterie. Il marque une pause, distribue les missions, inspecte personnellement les positions :

— Ce pont est vital, dit-il en substance au commandant de la compagnie : je vous donne l'ordre de le tenir sans esprit de recul. Au besoin faites-vous tuer sur place ! Si vous flanchez, il n'y aurait plus de chemin de repli possible pour les forces venant de Kolwezi. Il n'y aurait plus de passage non plus pour les renforts venant de Lubumbashi. Je compte sur vous !

Le capitaine a montré qu'il avait compris sa mission. Mahele peut repartir, l'esprit tranquille. La compagnie du 133e bataillon fera son devoir.

En face de lui, les marais, jusqu'à Kazembe. Après une plaine vallonnée qui monte lentement jusqu'à l'objectif.

— Plus vite ! Plus vite !

Kazembe est dépassée, en trombe. Encore trois kilomètres et le détachement pourra apercevoir les bâtiments du terrain d'aviation, but de l'opération... Un dernier effort.

Une rafale éclate, au nez du premier camion qui n'a même pas ralenti. Puis une seconde. Puis un feu d'enfer qui se déclenche, de part et d'autre de la route. C'est l'embuscade, précise, meurtrière. Les camions sont stoppés et comme on le leur a dit, les paras « giclent » des plates-formes. Mais les Katangais ont soigneusement étudié leur dispositif. Des fusils mitrailleurs balaient la route, taillant des sillons sanglants dans les rangs des Zaïrois. Quelques paras s'écroulent, blessés ou tués.

Les premières sections hésitent, et le flottement est perceptible à Mahele qui est soudain saisi d'une crainte. Que ses hommes se débandent, abandonnent le terrain. Pourtant, ce sont

1. Voir carte p. 39.

des paras, l'élite de la division d'élite... Mais ils n'ont pour la plupart jamais encore subi le feu. Presque tous en sont à leur première opération.

Mahele connaît son devoir et aussi son histoire. Il rappelle l'exploit personnel du général Mobutu au pont de Kamanyola, se lançant lui-même à l'assaut des Simbas de Pierre Mulele.

Alors, debout, seul, au milieu de la route, il ouvre le feu, en hurlant à ses hommes de l'imiter. Et le courant passe. Galvanisés par la voix et l'exemple de leur chef, les paras réagissent, déclenchent un feu nourri de toutes leurs armes et, peu à peu, retrouvent un peu d'aisance. Ils se transforment et contre-attaquent.

En quelques secondes, la situation est renversée. Surpris par cette vigoureuse riposte, première véritable réaction que les Katangais rencontrent depuis le début de leur offensive, les rebelles commencent à décrocher. Puis ils s'enfuient, à toutes jambes, disparaissant dans les hautes herbes. Pour Mahele, c'est gagné. Il a surmonté la première difficulté. Les paras s'entre-regardent. Ils ont brusquement changé. Jusque-là, ce n'étaient que des volontaires. Maintenant, ce sont des soldats.

Quatre d'entre eux ont été tués, une dizaine sont blessés, ce qui témoigne de la fureur de l'engagement et de la précision avec laquelle cette embuscade avait été montée.

Mahele est maintenant certain d'arriver à Kolwezi. Sa résolution de faire jonction au plus vite avec sa 2e compagnie — dont il ignore encore le sort tragique — est plus forte que jamais.

Il réorganise son dispositif, va ordonner la reprise de la progression :

— Major, appelle le radio, l'état-major veut vous parler.

Comme si c'était le moment ! De mauvaise humeur, Mahele s'exécute. Il saisit le combiné, rend compte de ce premier accrochage, énumère ses pertes. Soudain, il réalise que les Katangais peuvent être à l'écoute et que tout ce qu'il pourra révéler de ses intentions, de son dispositif, de sa mission risque d'être capté et servir à l'ennemi pour le contrer à coup sûr.

Alors, brusquement il se tait. Quelle est sa position ? Il reste vague. Quels sont vos besoins ? Mahele hausse les épaules. Il est bien temps de le lui demander, alors que tout à l'heure, à Lubumbashi, on lui a retiré la moitié de son effectif.

Et puis, il pense qu'il a suffisamment perdu de minutes,

précieuses pour lui et pour ses hommes, surtout pour ceux qui, il l'espère, résistent à Kolwezi. Et soudain il change de ton :

— Tout va bien. Je n'ai besoin de rien. Dans quelque temps, je vous annoncerai une bonne nouvelle. Terminé.

Il relâche la pédale du combiné et lance à son radio :

— Coupe ton poste. Je n'en ai plus besoin.

La progression reprend. Dans l'axe de la route, à deux kilomètres, il y a le terrain d'aviation, la « Plaine » comme on dit à Kolwezi, encore invisible toutefois. Mahele pense que s'ils pouvaient en apercevoir les bâtiments, ses paras reprendraient courage et fonceraient avec plus de vigueur encore.

« S'il y a un dieu des soldats, se dit-il, qu'il se fasse que l'ennemi nous laisse au moins repérer l'objectif... »

Mais avant le dernier virage qui monte à la crête, une nouvelle embuscade se dévoile. Les paras ont eu le temps de se déconcentrer et, cette fois plus que tout à l'heure, les tirs adverses sont denses, nombreux, précis. Les hommes cherchent de l'aide auprès de leurs officiers, mais ceux-ci sont timorés, manquant de cet élan qui soulève l'enthousiasme. Ils sont encore jeunes. Trop jeunes.

Pour la seconde fois, Mahele réagit et doit prendre une initiative. Il a repéré, à une centaine de mètres, un tireur d'élite qui prend à partie tout homme s'aventurant hors des couverts. Mahele le situe, puis, à la carabine, le contraint de baisser la tête. Et là, profitant du calme revenu, il bondit, une grenade à la main et court à sa rencontre. A bonne portée, il dégoupille la grenade, la projette dans la direction du tireur. Une explosion. Mahele soupire de soulagement. Il a fait mouche.

La fumée de l'explosion se dissipe et, soudain, Mahele pousse un hourra de joie. A moins d'un kilomètre au-delà, blancs sur le vert-jaune de la plaine, il voit enfin les bâtiments de l'aéroport.

Du bras, il rameute ses hommes et ceux-ci arrivent, leur moral remontant en flèche. Dès lors, il n'y a plus besoin de les pousser en avant. Ils s'élancent, en poussant le cri de guerre de leurs aînés au cours de la première guerre du Shaba :

— *Kanga diablos !*

Dans la foulée, les parachutistes du 311e bataillon montent à l'assaut. Une heure plus tard, Mahele peut rétablir ses communications avec l'état-major zaïrois :

— Voici ma bonne nouvelle. L'aérodrome de Kolwezi est entre nos mains.

Il est 14 h 15, ce mardi 16 mai 1978.

Le reste de la journée se passe à s'établir en point d'appui fermé au carrefour situé à l'est de la piste. Tandis que les sections aménagent les emplacements, d'autres enterrent la trentaine de Katangais qui ont trouvé la mort au cours de l'assaut.

Un peu avant 18 heures, les Katangais tentent de reconquérir le terrain. Ils n'y parviennent pas et se replient, abandonnant quinze nouveaux cadavres dans leur fuite. Cet engagement sera le dernier réellement sérieux que les paras de Mahele auront à subir ce jour-là.

— C'était mieux ainsi, racontera-t-il : mes hommes n'avaient plus de munitions [1].

1. Selon les estimations du major Mahele, une centaine de rebelles auraient été tués au cours de ces divers accrochages. Pour sa part, la Croix-Rouge annoncera avoir enterré cinq cent cinquante personnes dans ce secteur, parmi lesquelles beaucoup de civils.

CINQUIEME JOUR

MERCREDI 17 MAI

I

CALVI

10 heures.

Appuyé sur une jambe, au flanc de la colline pelée, le lieutenant Bourgain regardait arriver la jeep qui fonçait sur la petite route en lacet, juste en dessous de la section. Au-dessus, les légionnaires reprenaient leur souffle. Une minute plus tôt, le lieutenant les avait fait stopper, après le « cross d'orientation » du matin.

— Tiens, pensa Bourgain, j'ai laissé passer l'heure et le capitaine m'envoie chercher. Je vais récolter un « cigare »...

C'était souvent comme ça. Officier des sports du 2e régiment étranger de parachutistes, Bertrand Bourgain — 1,87 m, 80 kilos — oubliait souvent l'heure lorsqu'il partait en exercice, sa section sur les talons. Son défaut — mais est-ce un défaut quand on est un jeune lieutenant qui croit à son métier ? — c'était de se donner à fond dans tout ce qu'il entreprenait. La veille en particulier, à l'issue d'une séance d'instruction de combat, il avait failli arriver en retard. Son excuse tenait dans les quelques mots lancés à ses légionnaires :

— Ne prenez pas ça à la rigolade ! Un jour, ça va nous tomber dessus. On partira, et ce n'est pas quand vous serez dans l'avion avec vos armes qu'il faudra penser à l'instruction.

Il ignorait si les légionnaires y avaient cru. En tout cas, ils avaient fait comme si...

En bas, la jeep avait stoppé et Canova, le sergent de semaine, faisait de grands gestes :

— Le capitaine Gausserès vous fait dire de rentrer immédiatement au camp...

— Quelle heure est-il ?

Canova consultait sa montre :

— Dix heures et demie. Vous n'avez pas entendu la sirène ?

— Non. Pourquoi ?

— Sais pas, mon lieutenant. Il paraît qu'on est en alerte.

Canova repartait, vers Ostriconi, pas très loin. Il avait d'autres sections à rameuter. Bertrand Bourgain rassemblait ses hommes avec le traditionnel :

— Colonne par un, derrière moi, en petites foulées.

Tout en rentrant, piquant droit sur le camp Raffali dont on apercevait, incongru sur le fond bleu-gris de la mer, l'horrible château d'eau que le Génie promettait de détruire « incessamment », le lieutenant s'interrogeait. Une alerte ?

Il avait d'abord pensé au Tchad car l'on parlait depuis plusieurs semaines d'une intervention possible des troupes françaises à la demande du général Malloum. Le Tchad serait, pour les anciens du régiment, un deuxième séjour : ils y étaient déjà allés dans les années 60. Ils n'en avaient du reste pas conservé un souvenir enchanteur et parlaient encore parfois du terrain « qui rappelait les Aurès... en pire ». Les années passant, le Tchad rejoignait pourtant, dans la geste du régiment, les campagnes menées dans les rizières du Tonkin, la brousse de la Haute Région ou les djebels du Constantinois.

Pour Bertrand Bourgain, commandant la 1re section de la 3e compagnie, seul comptait le présent ou l'avenir immédiat. Sans tradition militaire familiale, ne possédant pas à sa naissance, comme il le disait, le « chromosome kaki », il s'était décidé sur le tard à choisir la carrière des armes après une année de Droit, à Paris, simplement guidé par le désir de faire quelque chose pour son pays.

La Légion, les paras, c'était pour aller plus loin encore, être le meilleur possible dans son métier. L'aventure ? La guerre ? Bien sûr... il y pensait parfois et il en parlait avec ses camarades quand ils évoquaient les possibilités d'un conflit auquel personne ne semblait croire. Et il résumait son point de vue :

— Si les Russes attaquent, je veux être en première ligne et pas devant ma télévision à les regarder passer...

Bourgain, un sportif, plein de vie et d'ardeur, rugbyman chevronné. Fier de servir au 2e régiment étranger de parachutistes, sans complexes devant les exploits des anciens dont le Musée, récemment construit, conservait les souvenirs, ceux de Diên Biên Phu et de Sétif ; simplement soucieux de perpétuer leurs traditions.

Chaque matin d'ailleurs, en passant devant le monument aux morts, il faisait sienne la devise gravée sur la pierre : *More majorum* [1].

Il y avait moins d'une heure que le colonel Philippe Erulin avait reçu, de Toulouse, un coup de téléphone qui l'avait fait bondir de son fauteuil :

— Ici, le général Liron, de la 2e brigade parachutiste. Votre régiment passe en alerte « à six heures » avec l'ensemble de son matériel et de ses véhicules...

— Impossible, mon général ! Comment voulez-vous que je récupère tout mon monde dans les six heures ? Pour être prêt, il me faudrait au moins vingt heures...

Le colonel Philippe Erulin ne refusait pas à l'avance une éventuelle mission pour son régiment. Au contraire. L'allure énergique, bâti en force, conscient d'être le patron d'une des quelques unités d'élite de l'Armée — une unité de métier — il savait mieux que personne ce qu'impliquait cette qualité. Mais, précisément parce qu'il se sentait responsable vis-à-vis de ses chefs de l'exécution des ordres, il se faisait un devoir de les avertir des limites de ses possibilités.

Mentalement, il récapitulait la liste de ses compagnies, de ses sections, de ses hommes éparpillés au gré des manœuvres ou des stages.

A commencer par son adjoint, le lieutenant-colonel Lhopitallier qui se trouvait au Tchad.

— Dites-nous ce qui vous est nécessaire pour rapatrier vos gens, reprenait le général Liron. Nous ferons le nécessaire pour les acheminer dans les délais voulus...

Erulin réfléchissait vite. Il y avait à peu près soixante-dix hommes, gradés et légionnaires, répartis entre Castelnaudary et Montlouis-Collioure, dans les Pyrénées-Orientales. Les pre-

1. « Selon la coutume des Anciens », devise des légionnaires-parachutistes, gravée sur le monument aux morts de Calvi, reproduction exacte de celui de Sétif, maison mère des BEP.

miers suivaient, dans le cadre du Groupement d'Instruction, les stages de spécialistes et les pelotons d'élèves caporaux et sergents. A Montlouis-Collioure, au sein du Centre national d'entraînement de commandos, le CNEC, les autres parachevaient un cycle de formation de nageurs de combat.

Par ailleurs, plusieurs compagnies se trouvaient dans la nature, à des heures de marche de Calvi : la 1re du capitaine Poulet au col de Vergio dans la forêt de Valdo-Nielo, à 1 500 mètres d'altitude, en pleine montagne corse. Une partie de la 2 était à Bastia. D'autres détachements à Corte.

— Nous allons faire récupérer vos gens de Castelnaudary et de Collioure, promettait le général Liron. Quant aux autres, faites au mieux... Mais l'alerte est maintenue.

Intégré depuis le 1er juillet 1967 à la 11e division aéroportée, le 2e REP participait, selon la note de service de base, « à toutes les missions de la division » et, à ce titre, ses compagnies effectuaient de nombreux séjours et manœuvres tant sur le continent que dans les territoires d'outre-mer. A tour de rôle, chacune des compagnies, appelée « compagnie tournante », allait même passer six mois à Djibouti.

Le 2e REP n'est pas une unité tout à fait comme les autres. Voici treize ans, en 1965, son chef de corps d'alors, le lieutenant-colonel Caillaud, un des plus anciens légionnaires-parachutistes, une figure des BEP d'Indochine, lance une formule originale, et encore inédite dans l'armée française : outre sa formation ordinaire de parachutiste, chaque compagnie doit se spécialiser dans l'une des activités propres à un régiment d'élite. Ainsi, la 1re pratique le combat antichar, le combat de nuit et le combat dans les localités ; la 2e, le combat en montagne où chaque homme doit pratiquer la varappe et le ski ; la 3e devient amphibie et possède des nageurs de combat confirmés ; la 4e étudie les missions de sabotage et forme les tireurs d'élite, les « snipers ».

Avec le temps d'ailleurs, bien des légionnaires sont polyvalents. Conscients d'appartenir à un régiment au-dessus de la moyenne, ils font l'objet d'une sélection rigoureuse. L'entraînement tient davantage d'une compétition permanente que d'une simple instruction.

A leur image, les cadres sont triés sur le volet, et même les personnels de base et de l'administration sont susceptibles d'être utilisés en opérationnels.

Tel est l'outil que commande le colonel Philippe Erulin. Il a pris son commandement vingt-deux mois plus tôt. Dans moins de soixante jours, il devra le céder à son successeur, le lieutenant-colonel Roué, lui aussi un « vieux » du régiment où il a servi comme lieutenant, comme capitaine et même comme chef de bataillon.

Pour l'instant, il s'agit pour le colonel Erulin de mettre « la machine en route ». C'est une course contre la montre que vient de déclencher le coup de téléphone du général Liron.

Le hululement lancinant de la sirène met aussitôt le camp Raffali en alerte. En un instant, le cantonnement se transforme en une ruche bourdonnante. Il n'y a presque pas besoin d'ordres et si les gradés s'époumonent, c'est plutôt manière de défoulement. Rodés par des exercices fréquents, les légionnaires savent exactement ce qu'ils ont à faire et s'ils courent, ce n'est pas au hasard. Chacun rejoint son poste.

Dans le bureau du colonel Erulin, le lieutenant-colonel Bénézit, qui fait fonction d'adjoint, le lieutenant-colonel Lajudie, patron de la base, et le commandant Govys mobilisent tous les moyens pour regrouper l'ensemble des personnels. Même les gendarmes sont sollicités, qui ont la charge de battre la campagne pour rameuter les unités en manœuvre.

La radio intérieure du régiment sonne le rappel. Par téléphone, on alerte Aubagne [1], Castelnaudary, Montlouis. Toulouse confirme bientôt : les stagiaires seront rassemblés dans les heures qui viennent pour être acheminés de Francazal par avion directement sur Calvi.

Le commandant Govys obtient également, par l'état-major de l'armée de l'Air, l'octroi d'hélicoptères pour rapatrier les unités trop éloignées pour faire mouvement par camions dans les délais voulus.

Il est 11 heures du matin. A 4 heures de l'après-midi, tout doit être terminé.

1. Garnison du 1er Etranger. La « maison mère » où règne le patron de la Légion étrangère, le colonel Goupil. Aubagne a remplacé Sidi-bel-Abbès.

Dans le bloc-infirmerie, le médecin principal à quatre ficelles, Jean-Noël Ferret, commence à faire préparer les bagages. Tout son personnel est là, s'affairant auprès des brancards, du matériel de première urgence... Il ne manque qu'un infirmier-brancardier du nom de Yannick Lallemand.

— Où est-il donc ? s'impatiente le toubib.

— Sais pas, répond, placide, un infirmier. — Avec lui, on sait jamais.

Le « major » Ferret soupire. Yannick Lallemand, son 1er brancardier, est encore en vadrouille, Dieu sait où. Et dans le cas de Yannick Lallemand, Dieu le sait sûrement.

En dépit de son nom, Lallemand est originaire du Poitou, une terre de foi, sur le chemin de Saint-Jacques-de-Compostelle. On y prêche le christianisme dès la fin du IIIe siècle, et c'est près de Poitiers que l'on trouve la très belle et très célèbre abbaye de Ligugé, le plus ancien monastère bénédictin d'Occident. Autant dire que Yannick Lallemand a des assises solides.

Prêtre, il a participé à la guerre d'Algérie comme simple parachutiste de l'infanterie de marine. Devenu aumônier en 1970, il a été nommé quatre ans plus tard aumônier de la Corse et singulièrement du 2e REP, mais il figure sur le contrôle des effectifs comme infirmier.

L'un de ses frères a épousé la fille du général Zeller. Un autre est capitaine à la Légion. Yannick Lallemand a des références.

Et si, en ce 17 mai au matin, son médecin principal ne le trouve pas c'est qu'il est en manœuvre, avec une compagnie du 2e REI, quelque part entre la Conca de Porto-Vecchio et le col de Bavella.

A l'écart du bruit et de l'agitation de fourmilière, le capitaine Coevoet travaille sur des plans et des organigrammes. C'est à lui, officier d'embarquement, qu'incombe la plus lourde et la plus importante des missions : il lui faut calculer les charges, bagages individuels, matériel collectif, armement léger, armes lourdes, munitions et véhicules ; établir les poids et les encombrements, en tenant compte du nombre et du type des appareils qui prendront éventuellement le régiment à leur bord.

Devant Coevoet, ce ne sont que graphiques, listes interminables, organigrammes, cent fois raturés, hachurés, gommés.

Il lui faut en outre établir les manifestes d'embarquement, regrouper les compagnies, s'assurer de l'exactitude des chiffres avancés.

Le lieutenant Bertrand Bourgain est rentré à Calvi dans les délais voulus. Sans redouter, cette fois, le « cigare » du capitaine Gausserès, un petit Basque à la voix sèche, au parler chantant.

Avec des soins de mère-poule, il a fait rapidement déjeuner ses hommes. Puis, sans perdre un instant, il a fait confectionner les paquetages, en deux colis : le premier, léger, ne contenant que l'indispensable et principalement les munitions de dotation normale ; le second, dit « paquetage B », contenant entre autres la tenue de rechange et les effets personnels qui suivront — en principe — avec les véhicules dans la deuxième rotation des avions.

Il a également vérifié l'état des armes. Un seul regret, au programme de sa journée, il avait inscrit de faire régler au pas de tir les lunettes de ses fusils semi-automatiques. Il n'en aura pas le temps. Il espère simplement que les responsables de ces armes ont fait, seuls, le nécessaire.

A 4 heures de l'après-midi, précis comme une horloge, le lieutenant Bourgain a fait savoir à son capitaine que la 1re section était parée.

— Attendez les ordres...

Appliquant une vieille règle qui précise que le légionnaire mange et dort quand il le peut, les hommes de la 1re section sont allés se coucher.

— Et Toulouse ?

— Toulouse n'a pas appelé.

Le colonel Erulin a rendu compte que son régiment était en alerte. Prêt à l'heure. L'état-major de la 11e division parachutiste (la DP) a accusé réception. Sans plus. Depuis, le colonel attend l'heure de la mise en route et son point de destination initiale.

A l'intérieur du cantonnement où les compagnies ont regagné leurs chambres et flânent, en tenue de combat, le silence règne en maître.

— Bon, dit le colonel : ne changeons rien au programme.

Nous étions conviés à un cocktail ? Allons-y. Les plantons sauront où nous trouver.

Quelques jours plus tôt en effet, des membres belges de l'Institut océanographique de Calvi avaient invité le colonel et quelques-uns de ses officiers. Leur directeur, M. Moureau, ancien directeur de la recherche agronomique en Afrique centrale, maître de conférence à l'Université de Liège, les accueille avec un large sourire. Ironie du sort : ce grand spécialiste du Zaïre ignore encore qu'il offre à boire aux futurs libérateurs de Kolwezi.

A la tombée de la nuit, l'état-major de Toulouse ne s'est toujours pas manifesté. Laissant un officier et un sous-officier par compagnie, les cadres retournent à la maison. Un peu déçus. Mais fatalistes. Ils ont l'habitude des fausses alertes.

Ils s'endorment en songeant qu'une fois de plus ils sont peut-être passés à côté d'une opération qui aurait pu rompre la monotonie de l'instruction et des manœuvres.

II

KINSHASA

Sourcil froncé, André Ross contemple la feuille de papier pelure que le radio-chiffreur vient de lui faire parvenir. C'est la transcription d'un message, capté par les écoutes de l'ambassade, et adressé par le consul général de Belgique à Lubumbashi, M. Van Mossveelde, au gouvernement de Bruxelles. Le ton en est pathétique :

« Il est de plus en plus urgent, si l'on veut éviter des massacres à Kolwezi, d'intervenir. — Il ne faut pas attendre vingt-quatre heures. — Je vous supplie d'intervenir au plus tôt. — Toute heure perdue représente des massacres supplémentaires. — Il n'y a plus une heure à perdre. »

Le ton de ce message en apprend plus à André Ross que toutes les informations volontairement fragmentaires ou édulcorées qu'il a pu réunir jusqu'ici, dans la journée, par ses canaux habituels, les ambassades de Belgique et des Etats-Unis. Le cœur serré, l'ambassadeur relit ce message, partageant l'angoisse et la détresse de Van Mossveelde. Jamais, en d'autres circonstances, un diplomate n'oserait s'adresser en ces termes à son gouvernement. On estimerait qu'il a perdu la tête.

Pour André Ross, ce message arrive providentiellement pour emporter la conviction de Valéry Giscard d'Estaing. Le chef de l'Etat français sera bien obligé d'admettre que c'est une véritable tragédie qui est en train de se jouer au Shaba, en dépit des assertions contraires distribuées officiellement par les Belges.

Sans perdre un instant, il fait adresser copie de ce message à l'Elysée. Ce texte, il en est convaincu, achèvera de dissiper les dernières hésitations et poussera le président de la République à prendre enfin cette décision qu'il attend avec tellement d'impatience.

Ce jour-là, pourtant, Kolwezi a vécu une heure incroyable, une heure comme seuls des hommes sortant de l'ordinaire peuvent en imposer à l'Histoire. En fin de matinée, le Transall personnel du chef de l'Etat zaïrois s'est posé sur l'aérodrome de la Plaine et le citoyen Mobutu Sese Seko, président-fondateur du MPR, commandant suprême des forces armées zaïroises, en est descendu.

Tandis que le major Mahele, la tenue maculée de poussière, le visage tiré de fatigue, la barbe non rasée, lui fait présenter les armes, une cohorte de journalistes, amenée par le même avion, mitraille de ses appareils cet instant exceptionnel.

Guère loin, un Mirage timbré du flambeau rouge sur fond vert — les armes du Zaïre — se livre à une démonstration spectaculaire, mais absolument gratuite, d'attaque au sol.

Pour l'opinion publique zaïroise, ce geste, qui ne manque pas de grandeur, a eu une importance symbolique considérable. Il est la preuve que le président Mobutu domine parfaitement la situation. Toute la journée, radios et télévision vont diffuser et rediffuser cette scène historique.

Pour les officiers français qui « planchent » depuis lundi sur le plan d'intervention qu'ils préparent avec le colonel Gras, l'importance de l'événement est ramenée à ses justes proportions. Un spectaculaire coup d'audace, mais qui ne soulagera en rien le sort des Européens prisonniers à Kolwezi. Les parachutistes du major Mahele tiennent la piste d'envol. Ils n'ont pu élargir leur dispositif et rien ne laisse penser qu'ils en seront capables.

— Et pourtant, note Yves Gras, il se pourrait que cette manifestation soit bénéfique à moyen terme. Les Katangais n'ont pu ignorer que le Transall de Mobutu a réussi à se poser sur l'aérodrome. Ils doivent logiquement en déduire que si des forces d'intervention sont acheminées sur Kolwezi elles seront à leur tour débarquées sur la piste...

— Je comprends, complète le colonel Larzul : ils vont mettre en place un dispositif défensif face à la direction de l'attaque probable ? C'est-à-dire face au sud-sud-est ?

— Exactement. Jamais ils n'imagineront que nous persisterons à les faire parachuter...

Le colonel Gras a raison. S'il doit y avoir un largage, il constituera un facteur surprise qui risque d'être déterminant. Son grand mérite est de l'avoir compris dès le mercredi 17 mai.

Son brain-trust n'a pas chômé. Larzul, Vagner et Capelli ont décortiqué à la loupe le plan directeur au 1/10 000e de Kolwezi [1]. C'est le seul document qu'ils ont pu obtenir pour préparer l'opération aéroportée. Et c'est insuffisant. Il leur faudrait des photos aériennes pour pouvoir déterminer avec précision la nature du terrain, la hauteur et l'encombrement des obstacles, la disposition exacte de la végétation qui se trouve à l'emplacement des zones de saut envisagées. Mais il n'existe aucune photo et ils doivent travailler à l'estime, sur une carte qui indique sommairement les courbes de niveau et situe approximativement les maisons, les voies ferrées, plus vaguement encore les arbres et les lignes à haute tension.

Pour l'opération proprement dite, après en avoir longuement discuté et devant la lenteur, sinon le refus des Belges à s'engager, ils se sont résolus à n'envisager qu'une coopération strictement franco-zaïroise.

Du côté de l'état-major des FAZ, on s'est montré compréhensif, principalement au plan des renseignements concernant l'implantation des PC rebelles.

Yves Gras les coche sur la carte.

— Nous pouvons être à peu près sûrs que les Katangais ont implanté leurs divers PC au lycée Jean-XXIII, à la corne sud-est de la Vieille Ville ; à l'hôpital de la Gécamines, sur la bordure ouest de la Vieille Ville ; et enfin, à la lisière nord, dans l'hôtel Impala, à la gare et dans les bâtiments des Postes.

Larzul, Vagner et Capelli ont matérialisé les points indiqués. Avant de partir, Yves Gras a donné deux directives principales :

— Prévoir un saut au plus près des deux quartiers rési-

---

1. C'est de ce plan directeur qu'a été extraite la carte de Kolwezi reproduite pages 2 et 3.

dentiels de Kolwezi : la Vieille et la Nouvelle Ville où habite la majeure partie des Européens.

— Viser à mettre le maximum de personnel à terre dans le minimum de temps. Au besoin, prévoir plusieurs zones de saut, afin que l'on soit en mesure de choisir en fonction des renseignements reçus au dernier moment. Mais veiller aussi à ce que ces zones puissent être indifféremment utilisées sans avoir à modifier sensiblement l'axe du largage.

Yves Gras a eu un sourire :

— Les aviateurs zaïrois sont pleins de bonne volonté. Mais il ne faut pas trop leur compliquer la tâche...

Nantis de ces directives, Larzul, Vagner et Capelli se mettent rapidement d'accord pour situer les zones de saut, immédiatement au nord de la Vieille Ville, sur le terrain de l'ancien aéro-club, et, à moins d'un kilomètre de là, à l'est de la Nouvelle Ville, à proximité du camp P 2, sur l'emplacement de l'ancien état-major des FAZ.

Ces deux ZS[1] présentent l'avantage d'être situées approximativement sur un même axe est-ouest.

— Nous pourrons décider en dernière minute laquelle des deux sera utilisée.

— Si les Katangais occupent la première zone, nous pourrons faire sauter les gens sur la seconde, dans le même passage.

Vagner grimace :

— En nous arrêtant au choix de ces terrains, nous courons le risque de faire larguer les paras sur les bâtiments qui les bordent au sud. Ou sur les arbres. Ou encore sur les clôtures élevées qui entourent les villas des quartiers résidentiels...

— De plus, ajoute Capelli : en les larguant aussi près des objectifs, la gare, la poste ou l'hôtel Impala, nous mettons peut-être les hommes en mauvaise posture : les Katangais, solidement retranchés, ne les laisseront pas arriver sans rien faire.

— Je sais tout cela, dit Gras lorsque ses collaborateurs lui font part, et de leur choix, et des inconvénients qu'il offre ; dites-vous bien que le succès — il insiste : tout le succès de cette opération dépendra de la surprise. Les Katangais, même s'ils sont plusieurs milliers comme nous le pensons, ne résisteront pas à l'effet de panique que provoqueront des centaines de parachutistes, tombant du ciel en même temps pratique-

1. ZS : zone de saut.

ment sur leur tête. Il faut sauter sur la fourmilière. C'est impératif.

Les trois officiers approuvent.

— Le premier but à atteindre est de délivrer les otages. Poser les paras sur un terrain sans risque, à l'extérieur de la ville, à l'aéroport par exemple, en progressant ensuite de façon classique laisserait trop de temps aux Katangais pour réagir et pour achever leurs prisonniers. Ou bien on intervient et c'est directement sur l'objectif. Ou bien on laisse aux négociateurs la responsabilité des massacres.

Il consulte sa montre :

— Nous n'avons qu'un choix tactique. Pour le reste, nous en sommes réduits à attendre.

Il rappelle André Ross à son domicile. L'ambassadeur a la voix lasse. Il confirme que rien encore n'est arrivé de Paris. Rien non plus ne permet de penser qu'il aura du nouveau avant le lendemain, à l'aube :

— Un conseil : tâchez de dormir... On ne sait jamais, vous aurez peut-être besoin d'être en pleine forme demain.

Dormir ! Comme si le colonel Yves Gras en avait le temps et l'envie. Tandis qu'il rentre chez lui, il récapitule les plans qu'il vient d'arrêter avec les officiers de son « staff ». Bien sûr, il aurait préféré disposer de quelques unités belges supplémentaires, pour boucler la ville et tenir les itinéraires de repli. Cela aurait permis de couper la route aux rebelles et de les empêcher d'emmener avec eux dans leur retraite un certain nombre d'otages.

Mais il estime que la mission sera remplie s'il parvient à contrôler Kolwezi et empêcher les massacres.

Avant d'éteindre la lumière, il regarde l'heure. Sa montre marque minuit moins dix. Machinalement, il jette un coup d'œil sur son téléphone, espérant sans raison... En vain. L'appareil reste muet.

Gras est vaguement déçu. Exactement comme, à huit mille kilomètres de là, à Calvi, sont déçus les parachutistes du 2e régiment étranger de parachutistes.

SIXIEME JOUR

JEUDI 18 MAI

dates, des faits d'armes, des visages de chevaliers modernes, surgis de gravures d'autrefois, comme celui de Bourgin, le merveilleux Bourgin à l'âme de cristal dont tant de paras récitaient la prière.

Ce 1er BEP, deux fois anéanti en Indochine. La première fois sur la tristement célèbre RC 4, la seconde fois, à Diên Biên Phu où il avait été rejoint, pour l'holocauste, par son frère cadet qui ne se voulait « le second de personne ». Il revoit les silhouettes familières de ces officiers entrés dans la légende : les Domigo, les Branca, les Saint-Marc, les Cabiro, les Brandon, les Luciani, les Laborde...

Et, plus près encore, en Algérie, les deux REP, celui de Zéralda et celui de Philippeville. Celui de Jeanpierre et de « Toto » Lefort.

Yves Gras ne s'attarde pas longtemps à cette évocation. Le temps de la théorie est dépassé. Maintenant, le travail commence. Avec de vrais avions, de vrais parachutistes, de vrais objectifs.

Tout ce qui a été fait jusque-là n'aura pas été inutile. Il s'agit, selon son expression, « de la mettre en musique ». Et, en premier lieu, de déterminer la date à laquelle cette opération aéroportée (OAP) pourra avoir lieu. Pour ce faire, le colonel doit tenir compte d'un nombre important de facteurs qui sont indépendants entre eux et, bien souvent, reposent sur des données fragiles.

C'est notamment le cas des avions de transport capables de larguer les parachutistes.

Ensuite, pour bénéficier d'un appui aérien convenable, il est indispensable de refaire le plein des munitions que les Mirage zaïrois ont dépensées avec une prodigalité toute africaine.

Il est indispensable d'attendre l'arrivée des troupes et de leurs matériels, acheminées par Paris et dont il ignore jusqu'à la date de départ et les moyens de transport employés.

Pourtant, en calculant au plus large, il estime que l'OAP pourrait, sauf imprévu grave, se dérouler sous quarante-huit heures.

— Nous pouvons donner le samedi 20 mai comme date probable de l'intervention sur Kolwezi, fait-il répondre à Paris.

Depuis 1 heure du matin, le colonel Larzul, le lieutenant-colonel Vagner et le commandant Capelli sont sur la brèche. Ils ne sentent plus leur fatigue et le sommeil n'a plus de prise. Ils sont satisfaits du travail préparatoire qu'ils ont effectué depuis lundi sur les instructions d'Yves Gras et qui leur donne une bonne longueur d'avance sur l'événement. Même si leurs préparatifs sont jusqu'ici restés dans le domaine de l'hypothèse.

— Nous prenons en compte le 2e REP dès son arrivée à Kinshasa. La façon dont il sera acheminé au Zaïre ne nous concerne pas. Il faut donc déjà prévoir le nombre d'avions dont nous pourrons disposer sur place.

— Exclusivement zaïrois, je suppose ? demande Larzul.

— Oui. Sauf cas improbable où les Américains ou les Belges se mettraient de la partie...

— Eh bien, c'est simple : l'armée de l'air zaïroise dispose de deux Transall C 160 et de cinq Hercules C 130.

— Combien d'hommes peuvent-ils transporter au total ?

— A peu près cinq cents en serrant un peu. Seulement nous ne connaissons pas avec précision l'effectif opérationnel que le 2e REP fera acheminer ici.

Vagner sourit :

— Nous allons donc travailler dans le brouillard ?

Pour l'instant les quatre hommes considèrent comme acquis l'utilisation des sept appareils, minimum indispensable pour assurer le « largage massif » dans lequel le colonel Gras met tous ses atouts.

— Et le PC volant ?

Capelli se suspend au téléphone. Finalement, après nombre de palabres, il obtient de l'armée de l'air zaïroise qu'elle mette, en plus, à leur disposition un vieux Buffalo à hélices, actuellement basé à Kamina.

Les officiers français acceptent. Avec un sourire indulgent. Ils connaissent bien leurs homologues zaïrois, d'une gentillesse à toute épreuve, d'une serviabilité jamais prise en défaut, et qui serait sans limite si, précisément, la limite n'était rapidement atteinte par les défaillances du matériel.

Gras les juge, sans acrimonie, mais avec lucidité. Il tremble un peu à l'idée de se reposer entièrement sur eux pour toute la phase aérienne de l'OAP projetée.

— Je me demande, dit-il, comment ils arriveront à faire décoller leurs avions à l'heure, quand on sait avec quelle fantaisie la compagnie commerciale Air Zaïre respecte les horaires [1].

— Je pense, répond Larzul, qu'ils sont autant que nous conscients de la gravité de la situation. Cette fois, il s'agit d'une vraie guerre.

1. Le caractère primesautier des horaires de cette compagnie l'a fait surnommer, par les habitués des lignes intérieures africaines : « Air Peut-être »

II

CALVI

2 h 20.

Bien après minuit, la lumière est restée allumée dans la villa de fonction du colonel Philippe Erulin, à mi-parcours de la rampe qui monte au fort Charlet, dans les hauts de Calvi. Comment dormir quand les pensées s'entremêlent, passant sans transition des soucis d'un chef de corps ayant la responsabilité d'une opération de régiment, à la déception de n'avoir pas encore reçu de confirmation de l'alerte « six heures » ? En fait, il y a longtemps que le délai a été dépassé.

Ce n'est pourtant pas la première fois que le 2e REP est ainsi mis en alerte, mais, bien que jusqu'ici les ordres aient été tout le temps suivis de contrordres, Philippe Erulin ne peut tout à fait croire que ce sera une fausse alerte de plus. Il sent que, cette fois-ci, c'est la bonne. Et c'est une raison supplémentaire de rester éveillé.

Attentif aux bruits de la rue, il guette le ronflement du moteur indiquant que son chauffeur est venu le chercher, tout en pensant qu'il sera au préalable averti par un coup de téléphone, c'est plus fort que lui.

D'ailleurs, sitôt revenu du cocktail avec les Belges, il a à nouveau endossé sa tenue vert olive de treillis.

Il a eu raison d'avoir confiance. A 2 h 20, le grésillement aigre de la sonnerie du téléphone retentit dans son bureau.

— Mon colonel, dit Bénézit avec le flegme dont il ne se départ jamais. Nous venons de passer en alerte aéroportée à 3 heures...

— Faites sonner le rassemblement. Récupérez tous les cadres qui sont en ville et les permissionnaires...

— Il n'y en a pas.

— Mettez la sirène en route... J'arrive.

Dans l'écouteur, lui parvient le hululement caractéristique. L'adjudant de Vivi, officier de permanence, a devancé les ordres.

Philippe Erulin n'a pas eu besoin d'une règle à calculer pour faire une opération d'arithmétique simple. De Calvi à l'aéroport militaire de Solenzara, il faut compter en temps normal trois heures de trajet. A plus forte raison avec un convoi militaire qui va se traîner à travers les routes en lacet franchissant la montagne corse : Solenzara se trouve pratiquement dans la diagonale nord-ouest sud-est par rapport à Calvi. Cent soixante kilomètres à vol d'oiseau. Mais précisément, les camions du 2e REP ne sont pas des oiseaux.

Au camp Raffali, la sirène a jeté les légionnaires à bas des lits. La plupart se sont allongés, dans leur tenue de combat vert olive. Ils n'ont pratiquement que leurs bottes à enfiler. Eux aussi avaient flairé que, comme leur colonel, cette fois c'était la bonne.

Ils ont plus ou moins supputé le lieu de leur destination. Certains avaient avancé le Sud-Liban, mais l'hypothèse n'a pas tenu à l'examen. La plupart pensent au Tchad ou même à la Mauritanie. Ils sont un très petit nombre a avoir fait le rapprochement avec les événements qui se passent à Kolwezi. Le Zaïre semble bien trop loin aux autres.

Au service général, Hessler, l'adjudant de semaine, a expédié une jeep avec le clairon pour aller sonner le rassemblement à la cité-cadres, à l'entrée de Calvi.

Tout va très vite maintenant. Les camions se sont rangés sur le terre-plein central. En arrière, en colonnes de section, les compagnies passent l'appel réglementaire.

— 1re section rassemblée...

— Allez aider au chargement des gaines de la compagnie !

D'un peu partout arrivent des corvées transportant les colis — les gaines — contenant les vivres, les armes, les munitions, les sacs « B ».

Le colonel Erulin est arrivé. Exceptionnellement il ne s'est pas attardé à l'inspection de la garde en tenue de tradition, qui présente les armes au son du *Caïd,* la sonnerie réglementaire accueillant le chef de corps à son arrivée au quartier. Il a simplement rendu son salut au chef de poste puis a foncé directement sur les lieux du rassemblement.

Tout est terminé. Le régiment est prêt à faire mouvement. A 4 h 30 précises, le premier véhicule du long serpent motorisé franchit le portail du camp. C'est la jeep du PC léger qui ouvre la marche. Suivent les véhicules de la 1re et de la 3e. Puis le PC lourd. En queue, la 4e et la 2e compagnie.

Le convoi longe la côte, vers le nord, puis bifurque à droite, par le col de San-Colombano, Ponte-Leccia et Casamozza, il met le cap sur l'aérodrome de Solenzara.

Durant le reste de la nuit, les messages vont se succéder, à un rythme hallucinant, tous, précisant des points de détail. En fin de compte, les ordres s'avèrent être les suivants : « Le régiment doit faire mouvement pour une destination lointaine, encore tenue secrète. Ce mouvement sera effectué en deux échelons. Le premier comprenant les hommes avec leur matériel. Dans un délai indéterminé, il sera suivi par le second échelon, composé des véhicules. »

Les deux officiers chargés de mettre matériellement au point les modalités du départ sont le lieutenant-colonel Bénézit, qui assure l'intérim du lieutenant-colonel Lhopitallier, présentement au Tchad, assisté du capitaine Coevoet qui a reçu la délicate mission de préparer l'embarquement du régiment.

Alain Bénézit en a vu d'autres. Sous-lieutenant au 1er REP en 1960, il a commencé sa carrière de légionnaire-parachutiste à la 3e compagnie du 1er REP sous les ordres du capitaine Estoup, « Joseph » pour les anciens. C'est, on s'en souvient, Estoup qui au moment du fameux procès a lancé à la face du tribunal la phrase, demeurée célèbre : « Notre uniforme, c'est notre bleu de travail... » Bénézit, c'est du solide, avec ce calme des vieux soldats qui ont roulé leur bosse un peu partout. Mais c'est surtout à Pau, à l'état-major de la 11e division avec les Lefort, les Le Borgne ou les Arnaud de Foïard qu'il a complètement maîtrisé les techniques parachutistes.

Affecté depuis deux ans au 2e REP, outre son intérim d'adjoint actuel, le lieutenant-colonel Alain Bénézit est responsable du bureau opérationnel.

Stéphane Coevoet[1], lui, c'est la grande perche flamande qui préside, avec une continuité qu'il voudrait définitive, le club des célibataires du régiment qui comporte seize membres endurcis. Il est de cette race d'officiers qui vivent et rêvent en soldats, n'ayant pas de place dans leur existence pour une autre passion que celle de leur métier.

A le voir, dur et froid comme l'acier de la lame du poignard qu'il porte sur la cuisse, on ne peut manquer d'évoquer ses anciens auxquels il ressemble et dont il assure la pérennité. Il a déjà dix ans de Légion. Sous-lieutenant au 1er étranger, il a connu Corte et Bonifacio. Lieutenant à la 13e DBLE, il est à plusieurs reprises intervenu à la frontière de l'Ethiopie. Affecté au REP en 1972, il en est devenu l'un des piliers. Après avoir commandé la 4e compagnie pendant trois ans et l'avoir emmenée, deux fois, à Djibouti, il a pris les fonctions d'officier d'embarquement.

Dans le code radio intérieur du régiment, Bénézit, est « Mouette », Coevoet, « Mouette-alpha ». Mieux qu'une paire, ces deux « Mouettes » forment une équipe.

Avec Bénézit et Coevoet, il y a aussi le capitaine Jolivet, officier TAP du régiment, technicien du matériel de largage. Il n'ignore rien de la confection, de la réparation, de l'entretien des « pépins » ; de la même manière aucun des modèles de parachute ne lui est étranger. De Jolivet, on affirme sans rire que si un jour le deltaplane devenait opérationnel, on le lui devrait...

Ensemble, les trois officiers ont déjà établi plusieurs plans d'embarquement. Prudents. Ils savent que jamais rien ne se passe comme prévu.

— En principe, a dit Bénézit, nous devons pouvoir compter sur cinq DC 8 dont le décollage de Solenzara est prévu à 9 h 30 ce matin.

Cela, Bénézit ne l'ignore pas, c'est le résultat des plans établis à Paris. C'est précis, c'est carré. Mais Coevoet est sceptique :

— Attendons que ça change.

Ça change en effet. Au fil des heures, les modifications sur-

---

1. Prononcer Couvout...

viennent. Les cinq DC 8 prévus se réduisent bientôt à trois, appartenant à la compagnie aérienne UTA, spécialiste des vols africains, augmentés d'un DC 8 militaire du COTAM [1] et d'un Boeing 707 d'Air France.

Nantis de ces nouveaux renseignements, les trois officiers revoient leurs plans.

A Solenzara, les premiers camions commencent à arriver. Durant le trajet, on a précisé aux chefs de section un certain nombre de détails pratiques à observer : retirer les bandes patronymiques fixées sur la poitrine ; à l'arrivée, laisser les sacs du paquetage « B » dans les véhicules avec lesquels ils effectueront le voyage, ultérieurement ; laisser également les OLIFANT et les SCR [2].

— Une dernière précision, fait dire Coevoet aux commandants de compagnie : pas question d'embarquer les hommes avec leurs armes. Celles-ci seront stockées dans les soutes à bagages.

Il est 8 h 15. Placides, les légionnaires se rangent sur la piste, devant les hangars. Les sacs sont alignés, surmontés du dôme d'acier des casques. A l'écart, quelques-uns dévorent leur casse-croûte. C'est presque la routine d'avant un banal saut de manœuvre.

— Tiens, observe Coevoet en regardant sa montre : je croyais qu'on devait décoller à 9 h 30.

Il est 10 heures passées et rien, ni à la tour de contrôle ni à l'horizon, ne permet d'apercevoir le moindre jet. Il faut attendre. A son camarade Wilhelm, qui commande la 2e section de la 3e compagnie, Bertrand Bourgain rappelle le vieil adage : la vie militaire est une suite ininterrompue de longues attentes et de courtes désillusions...

A 11 h 30 enfin apparaît le premier des DC 8. Dans son sillage se pose un autre appareil, d'un gabarit plus modeste. C'est l'avion du général Lacaze, commandant la 11e division parachutiste. Avant leur départ il a tenu à saluer les légion-

---

1. COTAM : commandement du transport aérien militaire.

2. OLIFANT : Observatoire léger d'infanterie, radar portatif permettant de détecter jusqu'à 2 km une présence ennemie.
SCR 625 : détecteur de mines.

naires du 2e REP. Il en connaît un certain nombre. Le général Lacaze est lui-même un ancien chef de corps du régiment.

Il s'entretient quelques instants, à l'écart, avec le colonel Erulin et quelques-uns des commandants de compagnie et des officiers du PC. Il leur fait aussitôt part d'une terrible nouvelle :

— Des massacres viennent de se produire à Kolwezi, cité minière de l'ex-Katanga, à huit mille kilomètres de là.

Erulin et ses officiers plissent le front, tous leurs sens en alerte. Ils vont enfin connaître leur mission :

— Le 2e régiment étranger de parachutistes a reçu l'ordre de sauter sur la ville pour délivrer les otages et empêcher de nouveaux massacres. Le président de la République en personne vous confie cette mission.

Immédiatement répercutée d'un groupe à l'autre, la nouvelle court le régiment comme une traînée de poudre. Comme un seul homme, les légionnaires se sont dressés, fiers de l'honneur qui leur est fait. Ils ont, dans les gestes, dans les regards, dans cette qualité particulière du silence qui les enveloppe, cette même satisfaction empreinte de gravité qui, voici vingt-quatre ans à peine, avait saisi leurs anciens en apprenant qu'ils allaient sauter sur Diên Biên Phu.

Plus ému qu'il ne veut le laisser paraître, le général Lacaze dicte enfin une déclaration à faire lire aux compagnies qu'il n'aura pas eu le temps de visiter une à une :

« Au moment où le 2e REP est désigné pour une mission extérieure difficile, le général Lacaze assure tous les cadres et légionnaires de sa confiance et de ses vœux... »

Sur la piste, tout est allé très vite. A peine posé, le DC 8 a commencé à être chargé.

Il redécolle à 13 h 45. Direction Kinshasa. Il a reçu un complément de carburant pour effectuer un vol direct. Erulin est à bord.

Au même moment, déboulant à cent à l'heure sur le parking, une jeep couverte de poussière arrive et stoppe dans un spectaculaire crissement de freins.

— Tiens, observent les infirmiers, pas étonnés : voilà le Padre...

C'est Yannick Lallemand en effet. Il s'est livré, durant toute la nuit, à une sorte de rallye solitaire sur les petites routes de Corse pour relier Porto-Vecchio à Calvi le temps de constituer son paquetage, puis repartir, pour rejoindre Solenzara dans les délais les plus courts. Il y a trente heures qu'il n'a pas fermé l'œil.

— Je sais pourquoi les avions n'arrivaient pas, fait un infirmier : le Padre avait certainement mis le Bon Dieu dans le coup...

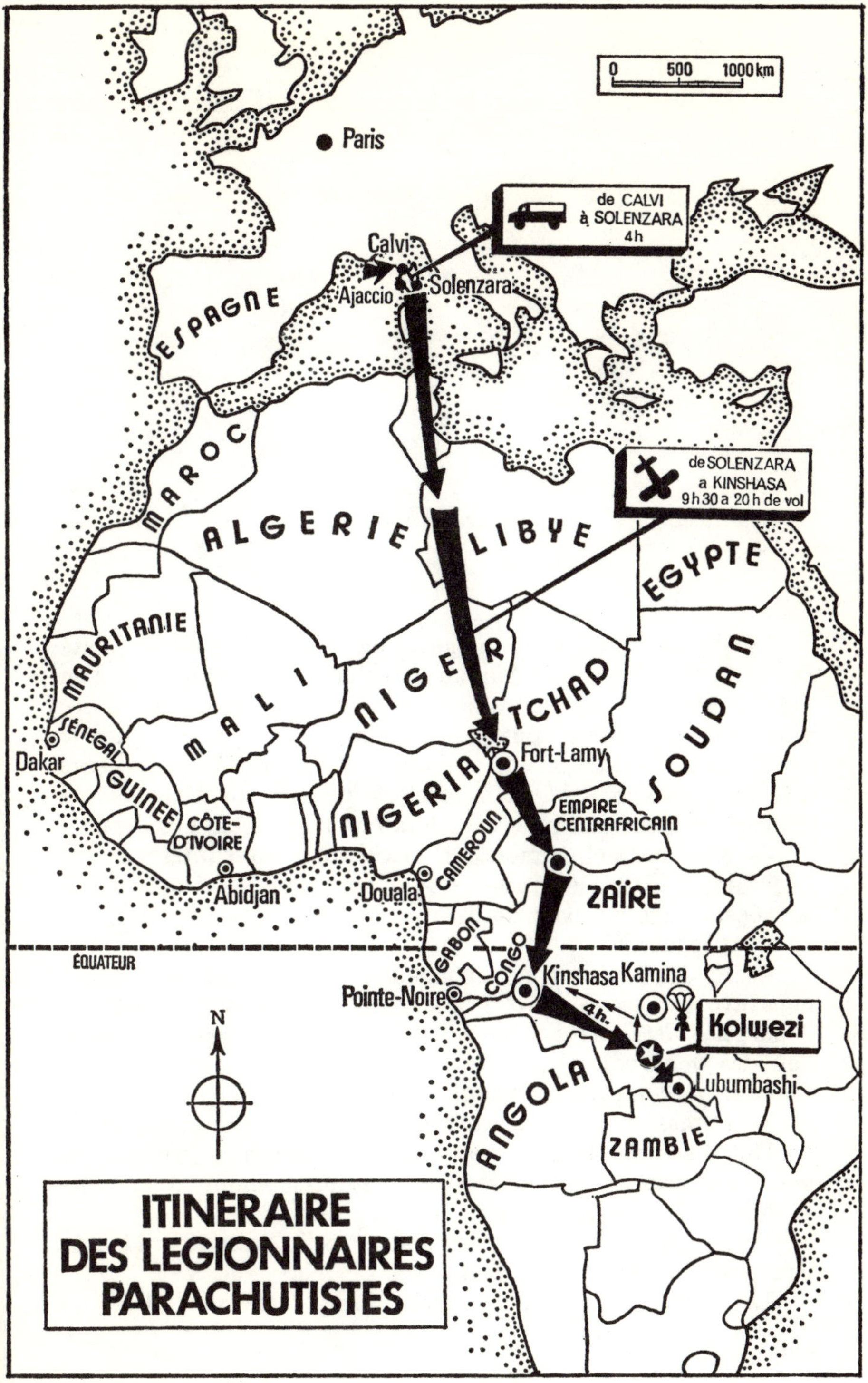

Parcours Calvi-Kolwezi

III

KINSHASA

Le jour se lève, dans une sorte de brume laiteuse et moite venue du fleuve. Dans le bureau du colonel Gras, transformé en PC opérationnel, les cartes sont étendues sur les tables, fixées au mur. Les dossiers sont posés sur des chaises ou à même le sol. Dans l'antichambre, le crépitement régulier de la machine à écrire parvient aux quatre officiers qui mettent actuellement la dernière main aux ordres de détail de l'opération projetée.

— Mon colonel, annonce le secrétaire, en s'interrompant une minute dans la frappe des documents, l'état-major des Armées à Paris au bout du fil...

— J'écoute.

— Ici le Centre opérationnel des Armées, dit une voix : nous avons bien reçu votre communication fixant la date de l'opération aéroportée à samedi. C'est trop tard. Elle doit avoir lieu dès vendredi.

Gras manque de s'étrangler :

— Demain ? Vous voulez rire ! Il n'en est pas question !

Entre ses dents, à l'adresse de ses adjoints, il gronde : ils ont mis quatre jours pour se décider et, maintenant, voilà qu'ils prennent le mors aux dents. — Il reprend :

— Je maintiens que l'opération ne peut avoir lieu dans de bonnes conditions que samedi.

Le colonel Yves Gras raccroche, assez sèchement. Il est un

peu choqué par cette désinvolture et la façon cavalière dont ce nouvel ordre lui a été transmis, sans aucune explication, sans avancer un motif.

— Il est possible, dit-il en arpentant son bureau d'un pas vif, mains au dos, que Paris ait de bonnes raisons de vouloir accélérer l'opération. Il est même certain qu'il en a. Mais on pourrait au moins nous les donner !

En fait, responsable de cette délicate intervention militaire, il veut se réserver la liberté de décision. C'est un principe. Absolu. Il ne voit pas comment on peut envisager de donner des ordres impératifs depuis Paris, à huit mille kilomètres du lieu de l'action, pour une opération qui comporte autant de risques.

Bien sûr, par télex, le colonel Gras a communiqué au COA le détail des plans. Mais rien ne peut être définitif : il est toujours possible que des renseignements de dernière minute soient de nature à en modifier des détails, voire à en changer radicalement certaines modalités. C'est pour cette raison qu'il estime devoir rester le seul maître de la décision finale. Et ce serait mal le connaître que de penser qu'il veuille jouer le patron pour le seul désir de puissance. Ce n'est pas un joueur de poker. C'est un joueur de bridge ; et il y joue fort bien. Il sait prendre des risques, mais des risques calculés.

Après quelques instants de réflexion, il se décide à appeler M. Journiac à l'Elysée. Depuis qu'il est en poste au Zaïre, Yves Gras a eu souvent l'occasion de s'entretenir avec cet ancien magistrat colonial devenu le conseiller personnel du président de la République pour les affaires africaines. Il lui expose calmement les multiples difficultés techniques auxquelles il se heurte. De plus, il ne sous-estime pas l'importance des effectifs ennemis :

— Nous pensons, dit-il, qu'il reste encore trois à quatre mille Katangais dans Kolwezi. Aussi vous comprendrez que nous ne puissions pas, ici, prendre des risques supplémentaires qui seraient inévitables par trop de hâte...

Après un instant de silence, M. Journiac se rend à ces arguments :

— D'accord, admet-il. Vous êtes seul juge.

Dans le courant de la journée de jeudi, après d'ultimes et vains contacts avec les Belges de Kinshasa, le colonel Yves Gras rend visite à l'ambassadeur André Ross :

— Je renonce définitivement à travailler avec les Belges, lui apprend-il. — Le chef de la mission militaire, le colonel Bleus, ne peut prendre aucune décision : il n'a reçu aucun mandat officiel. Bruxelles tient à conserver la haute direction de l'opération, si elle a lieu...

L'ambassadeur intervient en montrant une dépêche d'agence. Elle est timbrée de Bruxelles et évoque, avec trop de précision pour être inventés, certains détails des projets d'intervention belge et française. André Ross est furieux :

— Qui dira la part criminelle prise par les agences dans les massacres des Européens, gronde-t-il.

Yves Gras esquisse une moue :

— Tout se passe, observe-t-il, comme si les milieux officiels belges employaient tous les moyens pour empêcher la réalisation de ce projet. Ils n'agiraient pas autrement s'ils tenaient à le rendre caduc ou à le faire échouer.

Sur le chemin de son bureau, Yves Gras se demande si les réticences et les tergiversations de Bruxelles ne sont pas à l'origine de la hâte manifestée le matin même par Paris. La divulgation des plans peut en effet amener les Katangais à précipiter les massacres ; il est donc indispensable de prendre les Belges et les rebelles de vitesse.

Cette idée prend corps et, en arrivant, Yves Gras est persuadé qu'elle constitue une explication valable — la seule qu'il puisse discerner — du désir soudain d'avancer d'un jour la date de l'opération.

— J'ai réfléchi, lance-t-il à ses collaborateurs : je crois maintenant que nous devons tout mettre en œuvre pour précipiter l'opération.

Ni Larzul, ni Vagner, ni Capelli ne font d'observation. Ils ont vécu depuis lundi dans un état d'excitation extrême, ayant à l'esprit les difficultés à surmonter et le sort tragique des otages.

— Nous ferons l'impossible pour y parvenir, répond Larzul.

A dix-huit heures, le chef d'état-major des FAZ, le général Ba Bia en personne, appelle Yves Gras :

— Pouvez-vous venir à mon bureau de toute urgence ?

Il n'en dit pas davantage et Gras ne sollicite pas d'autre explication. C'est la première fois qu'une telle convocation se produit. Il bondit dans sa voiture et se rend sur le mont N'Galiéma où il escalade deux à deux les marches du petit escalier en colimaçon qu'il commence à connaître par cœur. Un sous-officier l'attend, le précède jusque dans le vaste bureau climatisé, au fond du bâtiment.

Ba Bia est là. Il s'avance, accueille son visiteur, avec une chaleur non feinte. Puis, contournant sa vaste table, il saisit un papier pelure de couleur bleue et en commente l'origine avant de le passer à son interlocuteur :

— Nos services de renseignement viennent de capter et de décrypter un message en provenance d'Angola et signé de Nathanaël M'Bumba, « lieutenant général » des rebelles. Il est destiné au major Mufu, patron des Katangais de Kolwezi.

Gras prend la feuille. Il s'agit d'un texte assez court où, en substance, « devant l'imminence d'une opération de para-commandos belges », M'Bumba donne à ses troupes l'ordre de se préparer à évacuer Kolwezi après avoir « exécuté tous les prisonniers » et saboté les installations de la Gécamines, « à l'exception de la mine de Kamoto ».

— Pourquoi la mine de Kamoto ?

— Je n'en sais rien.

— Que pensez-vous de ce texte ?

— Il est authentique, répond le général Ba Bia. — Je crois qu'il est suffisamment explicite ?

— Oui. Nous ferons l'impossible pour déclencher notre OAP dans les délais les plus rapides.

A dix-neuf heures, le colonel Gras convoque chez lui son petit état-major. Mais ce n'est guère facile. Le colonel Larzul habite à sept kilomètres de là et ne possède pas le téléphone. Vagner, qui demeure encore plus loin, est également impossible à joindre. Il faut aller les chercher avec une voiture de fonction. Seul le colonel Thépin, responsable des moyens aériens et en particulier des Mirage, peut être touché par fil.

A vingt heures enfin, ils sont tous là :

— On saute demain, annonce Yves Gras.

Thépin a un haut-le-corps :

— Il m'est rigoureusement impossible de vous fournir un appui aérien demain. Les Zaïrois ont consommé toutes les munitions dont nous disposions ici au cours de leurs premières interventions. J'attends celles qui me sont envoyées de France...

— Tant pis, réplique Yves Gras. Nous nous passerons d'appui aérien.

Il se retourne vers Vagner :

— J'aurai besoin du plan de l'opération aéroportée demain matin à trois heures pour le briefing que je compte organiser avec les officiers du REP...

Vagner ouvre la bouche... Gras ne lui laisse pas le temps de dire un seul mot :

— ... vous avez toute la nuit pour le faire.

Chacun se précipite à sa tâche. Le colonel Gras appelle le général du Payrat, à Paris, pour lui faire part de sa décision de sauter dès le lendemain.

— Très bien, répond du Payrat.

— Malheureusement nous n'aurons pas d'appui aérien, les munitions des Mirage n'ont pas encore été recomplétées.

— Ah ça, mon vieux, c'est emmerdant.

— Je ne peux pas faire autrement.

— Alors bonne chance.

SEPTIEME JOUR

VENDREDI 19 MAI

I

KINSHASA

Dès leur décollage, au fur et à mesure qu'ils ont fait leur plein de parachutistes et de matériel, les cinq jets qui transportent le 2ᵉ REP ont mis le cap sur Kinshasa, chacun pour son propre compte. Les itinéraires sont variables, déterminés par les escales techniques ou, au contraire, par la route la plus directe. Ce qui a pour premier effet de provoquer, à l'arrivée, des décalages importants. Le premier avion qui se pose à Kinshasa à 23 h 30 est néanmoins le premier à avoir décollé de Solenzara.

Par chance, c'est celui qui emmène le colonel Erulin et les officiers de son PC.

— Le prochain DC 8 est prévu pour vendredi, à 2 heures du matin, lui apprend la tour de contrôle. Les autres ? Nous n'en savons encore rien.

Erulin ne perd pas de temps. Il descend de l'avion, accueilli par le colonel Ballade, patron de l'équipe technique des parachutistes français chargés d'instruire les paras zaïrois.

— Mon colonel, apprend-il à Erulin, votre régiment doit embarquer sur cinq C 130 Hercules et deux C 160 Transall. Décollage prévu à sept heures. Vous serez directement largués sur Kolwezi à onze heures.

Bénézit et Coevoet se concertent du regard. Ballade leur offre de les conduire au Centre d'entraînement des troupes aéroportées (CETA) situé juste en face de l'aéroport.

— J'ai prévu de mettre mes bureaux à votre disposition, dit-il.

Moins d'un quart d'heure plus tard, Bénézit et Coevoet ont déballé leurs dossiers et commencent à « plancher » sur leurs listes, préparant le fractionnement du régiment en fonction des avions annoncés [1].

Pendant ce temps, les légionnaires, qui ont déchargé le DC 8, commencent à se regrouper à l'intérieur de l'enceinte du CETA.

Le colonel Ballade consulte sa montre :

— Normalement, explique-t-il, un peu ennuyé, le colonel Gras aurait dû être là pour vous accueillir et vous donner les ordres de détail... Je suis surpris qu'il ne soit pas encore arrivé.

— Cela ne fait rien, le rassure Erulin. — Nous attendrons un peu : d'ailleurs, cela permettra au deuxième appareil d'arriver à temps. Prévoyons le briefing pour trois heures ?

— O.K.

A trois heures, le deuxième avion a été déchargé et les officiers se sont rassemblés dans la salle de conférence. Ils piaffent d'impatience. Le colonel Gras n'est toujours pas là.

Dans le « bureau opérations », Bénézit et Coevoet ont été obligés de se rendre à l'évidence : on leur a appris que le prochain appareil venant de Solenzara se posera à trois heures trente. Mais, plus ennuyeux, les deux derniers ne seront pas là avant huit heures trente.

— Dans ces conditions, disent-ils au colonel Erulin, il est obligatoire de faire sauter le régiment en deux vagues. La première embarquera de Kinshasa, équipée pour le saut, et sera, comme prévu, larguée directement sur Kolwezi. Pour gagner du temps, la seconde vague sera aérotransportée de Kinshasa sur Kamina par un DC 10 d'Air Zaïre.

« C'est à Kamina que les appareils qui auront largué la première vague reviendront prendre la deuxième pour la parachuter à son tour.

---

1. Le fractionnement est une opération délicate qui consiste à répartir les unités dans les différents avions de façon qu'elles puissent arriver groupées au sol. Ainsi, par exemple : si l'on souhaite que la 1re compagnie se retrouve au sol, en tête de la zone de saut, il faudra que ses éléments soient les premiers à sauter de chacun des appareils.

Le colonel Erulin approuve. Ce système permettra de gagner un temps précieux. Il est trois heures du matin.

Dans la salle du briefing, l'ambiance est étrangement partagée entre la tension et l'anarchie ; tension des officiers parachutistes et des pilotes zaïrois, groupés en cercle devant le podium, toujours vide, essayant de deviner les intentions du commandant en scrutant la carte agrafée au mur ; anarchie des militaires africains qui déambulent, aimablement débraillés, s'interpellent et viennent, avec de grands sourires, examiner de près les Français.

— Cela donne une idée du sérieux de l'affaire, glisse un officier, sourcil froncé.

— Bah, réplique son voisin, ils sont bien gentils tout de même...

L'attente se prolonge. Le lieutenant-colonel Ballade s'énerve, consulte sa montre. Il va téléphoner à l'ambassade.

— Le colonel Gras est parti depuis plus d'une heure. Nous ne comprenons pas.

En son absence, Vagner décide de commencer le briefing sans lui. Il a ramené de l'ambassade M. Bommier, un ancien colonel, autrefois attaché militaire au Zaïre, présentement conseiller militaire au Corps logistique des Forces armées zaïroises, qui doit faire un exposé sur la situation générale. Il lui donne la parole.

M. Bommier connaît parfaitement son sujet. Trop peut-être. Il remonte à la colonisation du Congo belge, évoque les spasmes de l'Indépendance, les luttes d'influence qui, dans les années 60, ont opposé les fractions politiques rivales. Il trace un portrait des chefs qui ont marqué cette période troublée : Kasavubu, le premier président, Kalondji, le sécessionniste du Kasaï, Moïse Tschombé, le leader du Katanga indépendant.

Il parle aussi de Patrice Lumumba, de Pierre Mulele...

— Avant qu'il en arrive à ce qui nous occupe, grogne Coevoet, impatient, la guerre sera finie depuis longtemps.

Il s'éclipse, et va s'occuper de l'embarquement dans les Transall.

Pendant ce temps, M. Bommier retrace les épisodes de la première guerre du Shaba, l'an passé. Il décrit sur la carte les principaux axes de pénétration des rebelles du FNLC — dont il a longuement expliqué la mutation politique passant sans transition de la « droite » au « gauchisme » révolutionnaire.

— Le point de départ de l'invasion était Dilolo, poste frontière et gare importante, sur la voie ferrée amenant le minerai du Shaba au port angolais de Lobito où il était embarqué pour l'Europe.

« A partir de Dilolo, les troupes katangaises se sont séparées en trois colonnes. La colonne du Nord avait pour objectif Kapanga et, par un mouvement tournant, devait prendre Kolwezi à revers, par l'est.

« Dans le même temps, la colonne du Sud devait foncer, à marches forcées, le long de cette voie ferrée vers Kolwezi et Lubumbashi. La colonne du Centre, pour sa part, avait pour mission de s'emparer de Kamina, le but final étant, naturellement, de s'emparer de l'ensemble du territoire de l'ancien Katanga.

« Cela peut être considéré comme l'objectif tactique numéro 1. En fait, les rebelles visaient un triple but : outre la « libération » du Shaba, ils voulaient déstabiliser le Zaïre tout entier et balayer le régime actuel. Le général Mobutu est en effet leur pire ennemi. De par ses origines tribales en premier lieu ; et de par ses prises de positions en faveur du FNLA au moment des combats pour la prise du pouvoir en Angola. Or, vous le savez, c'est le mouvement rival du FNLA, le MPLA, qui a triomphé et le président actuel de l'Angola, soutenu par les Cubains, M. Neto, donne son appui aux Katangais. Une façon, pour lui, de faire régler ses comptes personnels par FNLC interposé...

Les officiers du 2e REP écoutent ; à peine. Les considérations ethno-politiques sur cette partie de l'Afrique ne les concernent pas. Ils sont venus pour libérer Kolwezi. Ils attendent qu'on leur parle de Kolwezi.

Le colonel Erulin sent l'impatience de ses cadres. Lui aussi ausculte sa montre, et envoie des signes discrets au lieutenant-colonel Ballade. Celui-ci fait un geste d'impuissance. D'ailleurs, le colonel Gras n'est toujours pas là.

Les mains pleines de cambouis, furieux, le colonel Gras s'acharne sur la roue de sa voiture qui a éclaté au moment où il fonçait, à cent vingt à l'heure sur la mauvaise route qui mène à l'aéroport. Il ne décolère pas. C'est toujours comme ça ! Les ennuis mécaniques arrivent au pire moment. Le plus grave, c'est que le choc provoqué par l'engagement de la roue dans une fissure de la chaussée a faussé les boulons de la jante. Et il n'arrive pas à la démonter pour la remplacer.

Rongeant son frein, il n'a plus qu'à attendre, sous l'échangeur en construction qui se trouve entre Kinshasa et N'Djili. Malheureusement, c'est un endroit seulement fréquenté par les automobilistes qui vont à l'aéroport ou en reviennent. Le reste du temps, surtout en pleine nuit, à trois heures du matin, le coin est désert. Personne. Pas même un taxi.

A quatre heures enfin, Gras parvient à arrêter deux Belges. Avec leur aide, il réussit à changer la roue. Le colonel arrive au Centre d'entraînement des troupes aéroportées et, sans même se laver les mains, il pénètre en trombe dans la salle de briefing, sans remarquer — ou faisant semblant — les soupirs de soulagement qui s'échappent des poitrines.

Il monte sur l'estrade, et, de sa voix précise :

— Voici l'idée de manœuvre, dit-il brièvement. Il s'agit de reprendre successivement le contrôle des quartiers résidentiels de Kolwezi : la Vieille Ville et la Nouvelle Ville ; puis de l'aéroport, en vue d'une opération aérotransportée.

« Vous serez largués au-dessus du terrain de l'ancien aéro-club, aux lisières nord de Kolwezi. »

Les officiers fixent dans leur mémoire le plan de la ville épinglé au mur. Ils dessinent hâtivement sur leurs carnets l'emplacement de leur zone de saut, le contour des deux quartiers en cause, et les points remarquables du terrain.

— Je viens de vous exposer la mission. Voici maintenant comment nous procéderons :

« Primo : nous larguerons à partir de Kinshasa une première vague comprenant le PC, deux compagnies de combat plus les appuis de mortiers. Au total, 405 hommes.

« Secundo : dans la foulée, nous coifferons les principaux objectifs vraisemblablement encore tenus par l'essentiel des forces rebelles : la poste, l'hôtel Impala, le lycée Jean-XXIII, l'hôpital de la Gécamines, l'immeuble qui abritait le PC des Forces armées zaïroises.

« Tertio : dès que possible, nous renforcerons ces actions par le largage, à partir de Kamina, d'une deuxième vague forte de deux compagnies, soit deux cents hommes. Ce largage aura lieu, soit sur la zone de saut A de l'aéro-club utlisé par la première vague, soit sur la zone de saut B, à l'est de la Nouvelle Ville, soit sur les deux zones à la fois.

« Quarto : quand nous serons maîtres des quartiers résidentiels, nous prendrons liaison avec les paras zaïrois qui, en principe, doivent toujours tenir l'aérodrome de La Plaine, au sud de la ville...

« J'ai donné à cette opération le nom d'opération « Léopard [1] ».

Le lieutenant-colonel Vagner prend la parole à son tour :

— En principe, nous devrions disposer d'un appui de feux aérien effectué par les Mirage, entre le début du largage de la première vague et la fin du largage de la seconde. — Il marque une pause et conclut : — Mais je ne puis vous garantir qu'il ait lieu.

Les officiers approuvent. Puis ils se dispersent et vont rejoindre leur unité. Il est quatre heures et demie et déjà le jour se lève, chaud et moite. Mais ils n'y font pas attention, de même qu'ils sont indifférents au fait qu'ils n'ont pratiquement pas dormi depuis trente heures.

Pour eux, aucun problème. Du moment que les ordres sont clairs.

Les ordres sont clairs, en effet. Mais les paras sont en Afrique où un dieu malveillant va s'ingénier à susciter des incidents sous leurs pas. Et, d'un seul coup, toute l'opération, montée avec une minutie d'horloger, va se détraquer, frôler l'absurde.

A peine une difficulté imprévue sera-t-elle surmontée qu'une autre surgira, tout aussi stupide, déconcertante. Et il faudra aux légionnaires des trésors de patience, de bonne humeur, d'ingéniosité et surtout d'efforts, pour arriver à les surmonter. Ce ne sera pas le plus mince de leurs exploits.

Le premier problème surgit aussitôt.

— Vous avez vu les parachutes ?

Intrigués, les officiers se penchent sur les sacs. Ils esquissent une moue d'ignorance :

— Kekcekça ?

« Ça », ce sont les parachutes utilisés par l'armée zaïroise et

---

1. Le colonel Gras ignore encore que le centre opérationnel des Armées l'a déjà baptisée « opération *Bonite* ». A noter que l'intervention au Tchad s'appelle « opération *Tacaud* ».

prévus pour l'opération. (Le 2e REP était trop chargé au départ pour s'encombrer, en plus, de ceux qu'il avait en dotation.) Ce sont des T 10, de fabrication américaine, matériel inconnu des Français. Qu'à cela ne tienne. Après quelques tâtonnements et avec l'aide des instructeurs du lieutenant-colonel Ballade, le système compliqué des harnais et des sangles n'a bientôt plus de secrets. Mais, aussitôt, catastrophe :

— Où allons-nous accrocher les armes et les sacs ?

Les Américains sont des gens qui aiment leur confort et leurs parachutistes doivent recevoir leurs équipements par largage spécial, car rien n'a été prévu, à l'inverse des harnais français, pour l'arrimage du matériel individuel.

Là encore, il faut improviser. A l'aide de ficelles, de bouts de fil de fer, aidés par les largueurs français et les moniteurs zaïrois, les légionnaires parviennent tant bien que mal à arrimer la musette TAP et les armes qui ne sont pas en gaine.

— Tout est OK ?

— Oui.

Le colonel Erulin est satisfait. Mieux encore, il est content. Il a remarqué l'entente immédiate qui régnait entre ses légionnaires et leurs homologues africains, tous faisant preuve de la même bonne humeur, réglant, sans problème, les petites difficultés.

— Prêts à embarquer ?

Par compagnie, par section, les légionnaires répondent.

— Tout le monde paré à embarquer.

Il est sept heures du matin.

Exactement au même moment, un épais brouillard venu du fleuve se répand sur l'aéroport, noyant la piste, les avions, les bâtiments dans un *fog* que Londres ne renierait pas.

— Cela ne va pas arranger les affaires, note Coevoet : je me demande si les deux avions arrivant de Solenzara parviendront à se poser...

Ce retard inquiète le colonel : dans l'un des deux appareils a été embarquée l'antenne médicale et l'aumônier. Sauter sans l'un ou l'autre constitue un risque de plus...

Malgré le brouillard, les légionnaires commencent à grimper dans leurs avions dont les moteurs font un vacarme assourdissant. Ils escaladent les petites échelles d'aluminium, cherchent leur place, dans le couloir étroit, entre les banquettes de toile tendue sur des tubes métalliques.

— Tiens, observe un légionnaire : notre moteur cafouille.

Il a raison. Un Hercules vient de tomber en panne.

— Débarquez !

Le lieutenant-colonel Bénézit consulte l'équipage. Le mécanicien est formel : la panne est grave. Elle nécessitera une longue réparation. L'avion ne sera donc plus en mesure de participer au largage.

— Répartissez le personnel du C 130 dans les autres appareils, ordonne Erulin.

Crayon en main, Coevoet refait pour la dixième fois son plan d'embarquement. Pour se faire entendre, il doit hurler, dans le fracas des turbopropulseurs que les pilotes ont lancé à pleine puissance.

Les préparatifs se poursuivent, dans la fièvre. Les « naufragés » attendent, silhouettes difformes engoncées entre les deux parachutes, coincés par leurs armes et leurs sacs. Il sont maintenant debout, chargés comme des baudets, depuis plus d'une heure. Et pourtant, ils ne se plaignent pas. Ils patientent. Ils ne donneraient pas leur place pour un empire.

— Cette fois, tout est paré, annonce un moment plus tard le capitaine Coevoet au lieutenant-colonel Bénézit. — On va peut-être pouvoir y aller ?

— Ce ne serait pas trop tôt. Quel temps perdu !

A Kinshasa, dans le bureau de l'attaché militaire, un jeune officier assure la permanence. Il écoute les nouvelles du bulletin de huit heures, lorsqu'on lui passe une communication téléphonique :

— Ici le général Loisillon, de l'état-major de l'Armée. Pouvez-vous me dire si le 2e REP s'est envolé ?

Le jeune officier l'ignore.

— S'ils n'ont pas encore décollé, annulez immédiatement l'opération...

Le jeune officier raccroche. Il ressent toute la déception, le désespoir même que cette décision inexplicable et brutale va causer, tant auprès du personnel de l'ambassade qu'auprès des légionnaires-parachutistes. Pour ne pas parler des conséquences graves qu'elle aura sur le sort des Européens de Kolwezi. Il vient de l'entendre aux informations : la nouvelle de l'intervention française et belge y est annoncée comme imminente. Et les rebelles possèdent la radio.

La mort dans l'âme, le jeune officier n'écoute que son devoir. Il ne peut même pas imaginer de tergiverser, de laisser aller les choses et d'arriver trop tard. Il convoque un planton :

— Prenez ma voiture et filez au terrain de N'Djili porter ce message au colonel Gras. Faites vite...

Le planton prend le message, quitte l'ambassade en courant, bondit dans la voiture et fonce à tombeau ouvert vers l'aéroport. Il y arrive, sans encombre, à 8 h 40.

Les légionnaires finissent d'embarquer. Les parachutistes en surnombre se tassent dans le fond des avions disponibles. Le colonel Erulin, harnaché, se dispose à les suivre. Il voit arriver le colonel Gras auquel il vient de faire ses adieux, quelques secondes plus tôt. A voir sa mine défaite, Erulin comprend que quelque chose ne va pas :

— L'opération est annulée, annonce Yves Gras d'un ton las.

— Annulée ? s'exclame Erulin.

— Je n'y comprends rien... Le mieux est de retourner à vos cantonnements du CETA.

— Peut-être est-il préférable d'attendre ici jusqu'à midi ? On ne sait jamais, dit Erulin qui a du métier... Il se pourrait bien qu'il y ait un nouveau contrordre...

— Vous avez raison. Je retourne à l'ambassade et j'appelle Paris. Ils vont m'entendre !

Pendant que le colonel Gras se pose mille questions tout en roulant vers la ville, à l'ambassade, le jeune officier de permanence a rendu compte à l'ambassadeur du coup de téléphone du général Loisillon. André Ross a bondi. Son intuition de diplomate chevronné lui donne immédiatement l'explication de cette annulation : elle est l'œuvre du gouvernement de Bruxelles.

En effet, son ministre des Affaires étrangères, M. Simonet, ne vient-il pas de déclarer au Parlement belge que son ambassadeur à Kinshasa lui avait demandé de retarder l'opération aéroportée ? Si l'ambassadeur de Belgique a été prévenu de cette opération c'est que les Zaïrois ont eu la naïveté d'inviter les officiers belges d'assistance technique aux réunions préparatoires, pensant sans doute qu' « ils étaient dans le coup »...

André Ross ne peut pourtant pas arriver à croire cette annulation définitive. Il espère de toutes ses forces qu'elle est provisoire, simplement motivée par un souci du président de la République de rassembler le maximum de moyens militaires en vue de la réussite à coup sûr de cette opération jugée trop audacieuse.

« Passer un contrordre par téléphone ne me semble pas très sérieux, compte tenu des moyens considérables qui ont déjà été mis en œuvre », pense-t-il.

Il s'est fait conduire à son bureau et, aussitôt, entreprend d'appeler l'Elysée. Il obtient rapidement M. Journiac et lui fait part de son étonnement. Mais Journiac tombe de haut :

— Qu'est-ce que c'est que cette histoire ? Je ne suis pas au courant. J'attendais déjà les résultats du parachutage... Ne quittez pas, j'avertis immédiatement le chef de l'Etat.

Quelques secondes passent. Puis, à nouveau, M. Journiac prend l'appareil :

— Le Président maintient l'ordre d'opération. Il donne aussitôt l'annulation du contrordre précédent. Vous allez d'ailleurs recevoir par télex le message de confirmation.

Le colonel Gras arrive à l'ambassade. Il est pâle de colère. Il a préparé dans sa voiture un certain nombre de phrases cinglantes.

— Ne faites pas cette tête-là, lui dit André Ross. Le contrordre est annulé. Tout va bien. Nous allons recevoir une confirmation par télex.

En attendant, et aussi pour accélérer les choses, le colonel Gras appelle l'état-major de l'Armée. Le général Loisillon commence à lui expliquer les raisons qui ont motivé l'annulation de l'opération — preuve que les militaires ne sont pas encore avertis — quand une voix s'interpose et jette, dans l'appareil :

— Décollez immédiatement ! L'annulation du contrordre est déjà partie.

La voix est celle du général Méry, le chef d'état-major.

Le colonel Gras n'a pas mauvais esprit. Il pourrait peut-être ironiser sur le cas de ces intermédiaires qui, comme les maris trompés, semblent les derniers avertis. Il préfère appeler l'aérodrome.

Il est 8 h 55.

Sur le terrain de N'Djili, les légionnaires se sont dégrafés, au soulagement des moniteurs qui se demandaient comment ils feraient, à l'atterrissage, pour se débarrasser des bouts de ficelle ou des fils de fer. Ils constatent que ce bricolage n'a en rien gêné le « débrêlage ». Ils ont un poids de moins sur le cœur.

— Mon colonel, un message radio.

Le colonel s'approche de son poste. Il se nomme :

— Embarquement immédiat, ordonne la voix du colonel Gras. L'opération est confirmée.

Erulin respire. Les légionnaires aussi. Pas pour longtemps. Les équipages zaïrois sont introuvables. Sitôt reçu l'ordre d'annulation, et en dépit des injonctions des officiers du REP, ils sont partis, chacun dans une direction variable mais lointaine...

Le temps de les rameuter à nouveau, un contretemps surgit encore. L'un des Transall est en panne. Un second a un pneu à plat. Quant au troisième, il est équipé en VIP [1].

Ce « VIP » n'est autre que le président Mobutu qui a tenu à prêter son appareil personnel aux légionnaires-parachutistes. Attention louable, mais qui n'arrange pas les affaires des paras : ils n'ont que faire d'un frigo, d'une salle à manger, encore moins d'une chambre à coucher !

— On démonte, disent les légionnaires en commençant à dévisser les panneaux.

— Inutile, dit le mécanicien zaïrois : l'avion vient de tomber en panne...

Les légionnaires s'arracheraient volontiers les cheveux si la coupe réglementaire leur en avait laissé suffisamment sur le crâne. Ils prennent le parti de rire :

— On va finir par y aller à pince, vous verrez...

Le grand Coevoet se précipite. Il a à nouveau soixante légionnaires supplémentaires à répartir dans les avions restants. Une nouvelle acrobatie, autant arithmétique que physique ! Comment entasser quatre-vingts parachutistes harnachés dans des avions prévus pour en transporter soixante-quatre ? Coevoet y parvient, se remettant à hurler dans le fracas des moteurs que les pilotes maintiennent au volume maximum. Il en restera aphone pendant deux jours.

En tout cas, il peut être content de lui : il est parvenu à faire tenir tout son monde dans cinq appareils au lieu des sept

1. *Very Important Personnality.*

prévus, quatre C 130 et l'unique C 160. Il a même réussi *in extremis* à cueillir le toubib, l'aumônier et deux infirmiers dont l'avion arrivait tout juste de Solenzara. A quelques minutes près, la première vague sautait sans même un seul médecin !

Dans les appareils, le spectacle des légionnaires encombrés de leurs deux parachutes, des gaines qui contiennent leurs armes et qu'ils traînent comme ils peuvent, halés, poussés, tirés par leurs camarades, entravés par les sacs qui brinquebalent entre leurs jambes, est ahurissant. Il rendrait fous les parachutistes classiques qui vivent pour appliquer les règles strictes du métier.

En dessous de l'avion « dégonflé », les mécaniciens des Mirage, venus à la rescousse, entreprennent de ramener le pneu à une pression normale en inventant un appareil de circonstance à partir d'une bouteille d'oxygène et de quelques tuyaux accordés tant bien que mal.

Le capitaine Dubos, commandant la 2e compagnie, attend que le pneu ait retrouvé une apparence honnête pour grimper, enfin, dans son avion. Machinalement, il regarde sa montre. Il est 10 h 40 ce vendredi 19 mai.

La première vague va enfin pouvoir décoller.

II

GO !

12 h 30.

— A votre avis, mon capitaine, que pensez-vous qu'il puisse nous arriver maintenant ? Je crois que nous avons tout eu...

— Attendez. Nous ne sommes pas encore au but. On ne sait pas ce qui peut se produire... Par exemple, perdre les avions en cours de route...

Le lieutenant Bourgain croise les doigts et rit. Le capitaine Gausserès semble parler sérieusement. Un visage osseux, au nez busqué, aux lèvres minces qui rappellerait aux anciens celui de Cabiro, le légendaire « Cab' », un Basque lui aussi, qui a naguère mené cette même 3e compagnie au combat. Gausserès est sérieux. Il a eu le temps de juger les équipages des avions et les trouve gentils, décontractés, mais d'une insouciance qui lui cause quelques alarmes. Et ce qu'il redoutait se produit. Les quatre C 130 ne sont plus sur l'itinéraire et la formation, disloquée, part à la dérive.

Heureusement, en queue de « peloton », le Transall qui a finalement été octroyé au colonel Gras comme PC volant arrive à point pour récupérer les enfants perdus et les remettre sur le bon chemin.

Dans les avions, les légionnaires somnolent en dépit de l'entassement, de l'inconfort et du froid sibérien qui règne dans certaines cabines : les équipages ont oublié de débrancher les climatiseurs et, à leur grande surprise, les légionnaires voient bientôt la condensation se transformer en glaçons qui pendent du plafond en stalactites brillantes. Et quand, enfin, le dispatcher alerte le mécanicien, celui-ci, avec un grand sourire, bascule la manette d'un geste viril. Le thermomètre intérieur fait aussitôt un bond de vingt-cinq degrés et les glaçons fondent, inondant les légionnaires qui arriveront, trempés, à destination.

Ces avatars mineurs n'empêchent pas la plupart des parachutistes de dormir. Leur calme impressionne le padre Yannick Lallemand, qui les couve du regard.

Le vol va durer cinq heures. Cinq heures dans des conditions difficiles, le vrombissement lancinant des moteurs, l'impossibilité de bouger, même pour des besoins élémentaires si l'on ne veut pas prendre le risque de marcher sur les copains, serrés dans tous les recoins possibles.

Les oreilles bourdonnent. Elles sifflent, preuve que les avions perdent de l'altitude.

Et puis, soudain :

— Debout ! accrochez !

En dépit du soulagement que provoque cet ordre, prémices d'une proche libération, son exécution relève presque de l'acrobatie. Les légionnaires n'arrivent pas à se redresser. Coincées par les paras en surnombre, les banquettes refusent de se rabattre le long des parois, et l'espace restant est réduit d'autant. Les hommes sont serrés, pliés en deux, coincés comme sardines en boîte. Dans ces conditions, impossible aux largueurs de vérifier l'amarrage des mousquetons des SOA.

Il y a des paras dans toutes les postures. Certains sont en équilibre précaire au bord des banquettes. D'autres sont carrément grimpés dessus, courbés sous le plafond. Ceux qui se trouvent dans une position presque normale sont l'infime minorité.

— Il est temps qu'on saute, grogne quelqu'un.

— Vite, vite, de l'air !

— Inspectez-vous entre vous ! hurlent les largueurs, relégués dans la queue de l'avion, incapables de pénétrer dans les rangs compacts des légionnaires compressés à tel point que même le simple geste, consistant à lever le bras pour passer le mousqueton autour de la *static-line,* représente une difficulté rare. Alors les largueurs n'ont plus qu'à prier saint Michel, le patron des parachutistes, que pas un seul de leurs hommes n'ait « oublié » de s'accrocher...

La zone de saut approche. Les paras savent qu'elle n'a que huit cents mètres de longueur, distance exagérément courte quand on songe que la vitesse de largage des avions se situe entre deux cents et trois cents km/h [1]. Il faudra donc aller très vite pour s'éjecter hors des avions, même si les dispatchers ont reçu la consigne de lâcher les hommes vingt par vingt.

— En plus, avec l'étranglement du train d'atterrissage qui bloque la moitié de la carlingue, on devra se bousculer pour passer...

Les portes ont été enlevées et, penchés à l'extérieur, les mains sur les poignées de métal, les largueurs regardent défiler le sol. Il est 15 h 12.

La lumière rouge scintille. Il est 15 h 15. Les largueurs ont fait avancer les premiers de stick jusqu'à la porte, mains crochetées aux montants. Ils se tiennent de côté, retenant la sangle du parachute. Il suffirait d'un reflet mal interprété pour que le numéro 1 s'élance dans le vide, immédiatement suivi des dix-neuf camarades qui n'attendent que son geste pour se ruer à l'extérieur.

Sous les ailes apparaît bientôt l'agglomération de Kolwezi. L'avion de tête amorce un large virage au nord de la ville. Tout en bas, voici un cirque gigantesque dont les gradins ont l'air d'avoir été taillés par des géants, la carrière à ciel ouvert de la Gécamines. Puis des lacs ronds et jaunes qui rappellent les chotts de Tunisie.

Droit devant, la piste en X du club hippique. La ZS est immédiatement en dessous.

Premier passage. La lumière reste au rouge. Tension, attente. Sous ses doigts, le largueur sent les muscles du premier de stick qui se durcissent, en prévision de l'éjection. Mais rien. L'ordre de sauter n'est pas venu. Second passage. Pour rien.

— Si les Katangais ne savaient pas qu'on arrive, grognent les légionnaires, les voilà au courant...

En réalité, au premier passage, les avions se sont présentés

1. Le passage sur la ZS dure à peine douze secondes.

en travers de l'axe de largage. Les autres fois, en limite sud de la ZS.

Vingt minutes plus tard, à 15 h 40, retentit enfin l'ordre attendu :

— Go !

Maurice et Maryse Faverjon avaient joué au scrabble pour passer le temps. Mais le cœur n'y était pas. C'était seulement un dérivatif pour leur faire oublier l'angoisse qu'ils éprouvaient, tous les jours, un peu plus forte. Il ne fallait surtout penser à rien, s'occuper à vivre le moment présent. Si l'on imaginait, si l'on guettait le moindre bruit, le moindre appel, on ne vivait plus, il y avait de quoi devenir fou.

La veille au soir, en se cachant, ils avaient écouté la radio qui avait évoqué la possibilité de faire sauter des parachutistes belges et français.

Leur réaction avait été immédiate :

— Pourvu qu'ils s'abstiennent, avait dit Maurice. — Sinon, « ils » se déchaîneront, on y passera tous...

Par leurs boys, qui venaient subrepticement les ravitailler, ils avaient appris les scènes d'horreur qui se déroulaient un peu partout en ville. Les gens tués, éventrés, égorgés dont les chiens dévoraient les cadavres. Dans la nuit, ils avaient été tenus éveillés un long moment par des bruits de rires et de chansons. Dans la maison d'en face, chez Aurélius Istratte, dont le corps gisait toujours devant la porte de son garage, les Katangais faisaient la fête. Ils avaient bu, ils avaient même tiré des rafales dans la rue.

— Je n'en peux plus, j'arrête, avait brusquement dit Maryse en repoussant la plaque de carton, éparpillant les jetons de scrabble. — Elle s'était levée et, par la porte latérale, elle était sortie, pour demander aux voisins, les Barouin, s'ils avaient des nouvelles.

— Tiens ? Il y a un avion dans le ciel...

Maryse avait levé les yeux. Et soudain :

— Regardez ! Il y a tout plein de trucs qui tombent ! Ce sont les paras !

Envolées, les craintes. Disparues, les réticences. Maryse s'est mise à hurler de joie :

— Mon Dieu, prie-t-elle à haute voix : faites qu'il en tombe un dans ma « parcelle » !

Dans les jardins contigus, ce sont les mêmes cris. Les hommes s'interpellent, les femmes pleurent. On s'embrasse.

— Sauvés, nous sommes sauvés...

— Go !

Se bousculant les uns les autres, traînant sur le plancher des appareils ou sur les banquettes latérales leurs fardeaux, les légionnaires se ruent à la porte qu'ils franchissent en avalanche. Ils se jettent dans le vide avec une sorte de furie, comme s'ils voulaient se colleter avec les nuages.

Dehors, soufflés à l'horizontale par la vitesse, car les avions n'ont pas ralenti et volent à près de quatre cents à l'heure, ils sont emportés dans un tourbillon gigantesque et se recroquevillent sur eux-mêmes : ils pensent au fameaux « choc à l'ouverture », cauchemar des anciens qui sautaient naguère avec les « pépins américains ».

Ils constatent que les Américains ont fait des progrès. Le choc est presque plus doux que celui des parachutes français. Les voilures américaines sont en revanche bien plus grandes. Et pourtant, la descente est rapide. A l'altitude de Kolwezi — mille cinq cents mètres — l'air est moins porteur et, en outre, le poids des bagages n'arrange rien.

Des coups de feu claquent soudain. Engoncés dans leur harnais, les légionnaires cherchent à savoir d'où viennent les salves, un peu contractés à l'idée de servir de cible impuissante. Certains voient s'ouvrir des déchirures dans la coupole et la plupart entreprennent avant tout de dégager leur arme pour l'avoir à portée de main sitôt l'arrivée au sol. Avant le départ, on leur a défendu de riposter durant la descente pour ne pas risquer d'atteindre les copains.

Un craquement sec, au-dessus des têtes. Un obus de DCA vient d'exploser, à cent mètres du dernier appareil. Mais ce n'est pas ce qui inquiète le pilote français. Ce qui l'inquiète, c'est que les Zaïrois de la formation précédente n'ont pas respecté l'altitude de largage, fixée à deux cent cinquante mètres, et sont passés à quatre cents mètres. Or la seconde formation, qui fonce à quatre cents à l'heure, arrive droit dans les sticks qui se trouvent sur sa trajectoire. Gare aux voilures, aux hommes fauchés par les hélices !

In extremis, le pilote donne un magistral coup de manche sur le côté. Puis il redresse, voyant défiler les coupoles cinquante mètres sur sa gauche. Il a eu chaud. Les légionnaires aussi.

— Go !

Le deuxième passage déverse à son tour sa cargaison de parachutistes, le reste de la 3e compagnie. L'adjudant Zingraff, le largueur, suit les hommes du regard et, machinalement, compte les coupoles. Il bondit soudain : il en manque un...

Il se penche et aperçoit, retenu par sa SOA, un légionnaire, ballotté au bout de sa sangle comme un pantin désarticulé, le poignard à la main, qui tente désespérément de la couper.

— Bouge pas ! hurle l'adjudant.

Et lui montrant son propre poignard qu'il brandit, il lui fait comprendre qu'il se charge de la trancher. Avec de grands gestes il tente de lui expliquer qu'il devra faire ventral.

Le légionnaire opine. Il a l'air détendu.

En dépit de ses sept sauts militaires, le légionnaire Strata, héros de cette mésaventure, est un parachutiste confirmé, breveté civil en Italie. Au deuxième passage, sa SOA tranchée par l'adjudant Zingraff, il actionne la poignée de son ventral et atterrit sans autre ennui.

— Chapeau ! murmure Zingraff qui l'observe et chasse d'un revers de main les gouttes de sueur qui dégoulinent de son front [1].

Il n'a fallu qu'un vingtaine de secondes aux légionnaires pour arriver à proximité du sol, qu'ils voient défiler à une vitesse impressionnante. Un vent fort, venu du Nord, pousse les vastes coupoles irrésistiblement vers les maisons de la Vieille Ville. Le terrain de l'aéro-club sur lequel ils devaient atterrir est loin derrière. Ce qu'ils voient monter vers eux, ce sont les arbres, les clôtures, les toits des maisons et, pour les chanceux, des sortes d'énorme pustules qui semblent gonfler le terrain vague bordant la ville.

Une seule solution : comme à l'exercice. Opérer des tractions sur les sangles, face au vent pour ralentir la vitesse horizontale, serrer les jambes, déverrouiller les genoux, tête dans les épaules, coudes appuyés au ventral. Et attendre.

Les chocs sont parfois rudes, les chutes imprévues. Le colonel Erulin atterrit au sommet d'une termitière d'au moins trois

1. Pour éviter pareil incident, les avions sont dotés d'un treuil qui permet de remonter le parachutiste. Celui-ci n'en possédait pas...

mètres de haut dont il dégringole brutalement. Il aurait pu se casser une jambe. Il a de la chance — ou de bons réflexes aiguisés par l'expérience —, il s'en tire avec une balafre sur la joue gauche.

Quelques légionnaires sont tombés dans les arbres. Ils déroulent leur ventral, s'en servent comme d'une corde de rappel...

Le sol est recouvert d'herbe à éléphant, haute de deux mètres. Les légionnaires ont l'impression de disparaître dans un cocon, soudain aveuglés, leur horizon singulièrement rétréci. Du coup, le regroupement va se trouver extrêmement difficile. Des coups de sifflets retentissent, des appels sont lancés.

Plus grave, il manque pratiquement tous les tireurs au LRAC [1]. Leurs engins ont été largués trop tôt (ou trop tard) et se sont évaporés dans la nature. A la nuit, huit d'entre eux manqueront encore. Sept rejoindront dans les vingt-quatre heures. Le huitième, le caporal Arnold de la 3e section de la 1re compagnie, sera retrouvé le lendemain, dans le jardin d'une villa. Il a été tué par une balle de gros calibre reçue en pleine poitrine.

C'est le premier tué du 2e REP à Kolwezi. Le père Lallemand l'enroulera dans un parachute blanc. On ramènera son corps à Calvi.

Il est quatre heures ce vendredi 19 mai. Les trois compagnies et le PC, qui constituaient la première vague, bondissent vers leurs objectifs, sans même prendre le temps de se regrouper entièrement.

Largués à partir du cercle hippique, ils se retrouvent essaimés d'est en ouest dans l'ordre : 3e compagnie (Noir), 1re compagnie (Vert), 2e compagnie (Rouge) et PC [2].

Le combat s'engage aussitôt.

1. LRAC : lance-roquettes antichars (autrefois « bazooka »).
2. Voir le plan de Kolwezi, pp. 2-3.

III

AVEC LA « TROIS »

— Lacan ! Lacan, nom de Dieu ! Où es-tu ?

Le capitaine Gausserès hurle à tous les échos. Il est blême de rage. Pour entrer en contact avec ses chefs de section, il a impérativement besoin de son poste P 13 et du légionnaire qui en a la charge, Lacan. Et Lacan est introuvable, ce qui est surprenant puisqu'il est censé avoir sauté sur les talons de son capitaine et, sensiblement du même gabarit que celui-ci, il ne devrait pas être tombé très loin. Mais Lacan ne se montre pas.

Il n'est pas loin, en effet. A moins de vingt mètres. Mais pas à côté ; au-dessus. Il se balance au bout de son harnais, sa coupole accrochée au sommet d'un arbre géant qui domine la voie ferrée. Comme on le lui avait enseigné à l'instruction, il a bien déroulé son ventral pour s'y laisser glisser. Seulement la soie du ventral est encore à une bonne dizaine de mètres de la terre ferme. Il y descend malgré tout et entreprend de se balancer pour essayer d'attraper une grosse branche, à proximité.

Gausserès ne se doute pas de l'incident. D'ailleurs, il n'est intéressé que par la mission de sa compagnie qui a reçu en partage l'est de la Vieille Ville : l'hôtel Impala, la Poste et la gare. Il n'y a pas une seconde à perdre si on veut déloger les rebelles avant la nuit qui va tomber, brutalement, sans crépuscule, comme cela se passe sur l'équateur.

Priorité à l'efficacité. Faute de Lacan, Gausserès s'est

rabattu sur le radio du lieutenant Wilhelm, le chef de la 2e section. Aussitôt, il obtient le contact avec ses sections et note le compte rendu du largage :

— Ici Noir 3. Je suis au complet. J'ai récupéré deux types de Vert qui étaient paumés dans la nature.

Gausserès sourit. Le commandant de la 3e section, l'adjudant Ivanov, ne s'embarrasse pas de langage académique : il dit ce qu'il a à dire, et brièvement. Les types de Vert sont deux paras de la 1re compagnie, sûrement largués en queue de stick.

— Noir 1 de Noir ?

Gausserès appelle maintenant Bourgain. Le lieutenant est là. Il a la voix qui tremble un peu. Quand il est arrivé au sol, il a cru avoir une hallucination. Tout autour de lui, il y avait des mains, tranchées au ras des poignets. Des mains blanches, a-t-il remarqué. Il les a comptées. Il y en avait vingt-quatre...

— Noir 1. Effectif complet, annonce Bourgain.

Gausserès est satisfait. A l'exception de Fresco, un Sud-Africain, tout le monde est présent. Seuls manquent provisoirement à l'appel les servants des lance-roquettes partis à la recherche de leurs gaines.

— De la casse ? demande encore le capitaine.

— Chez moi, répond Bourgain : un blessé au bras par la SOA. Il refuse d'être évacué [1].

— Pour un drôle de largage, ce fut un drôle de largage, raconte Vittone, l'ordonnance de Gausserès : je me suis farci les caténaires de la ligne de chemin de fer...

— T'as eu du pot que l'électricité soit coupée en ville, lui renvoie l'adjudant Hessler : autrement, tu serais grillé comme un cochon...

Hessler arrive de loin. Il est tombé de l'autre côté de la voie ferrée, en limite de la Nouvelle Ville. Malgré le tir nourri des rebelles qui convergeait vers lui, il ne s'est pas ému outre mesure et a rejoint la compagnie sans encombre.

— Noir autorité à tous : direction vos objectifs.

— Reçu.

Le lieutenant Bourgain avec sa section a reçu pour mission de s'emparer de l'hôtel Impala, l'un des PC rebelles. Une fois

1. Le légionnaire Wienold.

l'hôtel investi, sans s'attarder, il doit prêter main-forte à la section Wilhelm dont l'objectif est le pont *Alpha* [1].

Le largage ayant été trop long, Bertrand Bourgain est tombé dans les jardins de l'hôtel, à quelques mètres des bâtiments. Quelques-uns de ses hommes sont tombés auprès de lui et se sont dégrafés aussitôt. Il les rassemble et fonce à leur tête, à l'intérieur de l'hôtel.

Ils sont aussitôt assaillis par une épouvantable odeur de cadavres en décomposition. C'est presque insoutenable. Ils avancent pourtant. Au milieu des gravats, des meubles brisés, des sièges éventrés, il y a des traces de sang, et ce qui ressemble à des débris humains. L'odeur provient des caves. Là, le spectacle est horrible. Des cadavres, encore des cadavres, entassés pêle-mêle, les chairs boursouflées, déchiquetées par les rafales. La position des corps, l'expression de certains visages laisse deviner l'épouvantable tragédie qui s'est déroulée en cet endroit.

Le cœur au bord des lèvres et pourtant ce n'est pas un sensible, Bourgain appelle son capitaine :

— Noir de Noir 1 ? Parlez.

— Ici Noir, j'écoute.

— J'ai découvert une vingtaine de cadavres. Mais l'hôtel Impala est vide. Je continue la progression.

Etrange sobriété du langage radio où il est interdit de laisser parler ses sentiments. Le ton même de la voix est neutre, indifférent, ce qui rend encore plus grand le contraste entre les phrases et ce qu'elles signifient.

Gausserès rend compte au colonel Erulin que l'hôtel Impala est occupé par Noir 1. Il parle aussi des cadavres.

— Des cadavres d'Européens ou d'Africains ?

Interrogé, Bourgain confirme :

— Nous n'avons découvert que des Noirs.

Erulin insiste :

— Nous sommes certains que les six coopérants français capturés samedi dernier étaient détenus à l'hôtel Impala. Approfondissez les recherches pour vous assurer qu'ils n'ont pas été massacrés dans les chambres...

Bourgain reprend la fouille. L'hôtel est ravagé, avec une frénésie sauvage, inimaginable à des yeux d'Européens. C'est

1. Voir la carte, pp. 2-3.

indescriptible. On dirait que l'hôtel a été livré à des fauves. Tout a été cassé, pulvérisé, avec une rage démente. Et puis, il y a le sang. Les murs, les dalles des couloirs, les plafonds en sont tachés, en de longues traînées brunes. Il y en a dans les armoires comme si les victimes s'y étaient cachées pour échapper à leurs bourreaux. Il y en a sur les appuis des fenêtres comme si des otages, fous de terreur, avaient tenté de se jeter dans la rue. De grandes flaques dans les lavabos, les baignoires, les bidets.

Les légionnaires fouillent en vain. Il n'y a aucun cadavre de Blanc. On peut penser que les Français ont bien été exécutés dans les bâtiments de l'Impala, car on trouve un petit carnet sur lequel l'un des coopérants a annoté, heure par heure, ses derniers moments : « A 5 heures, bruits très sourds de canon du côté de l'aéroport. A 6 heures, les bruits se rapprochent. A 8 heures, c'est la mitrailleuse lourde qui tire sur l'Impala... » Et puis, le récit s'arrête. Mais cela ne constitue pas la preuve que les coopérants ont été tués et leurs corps emmenés plus loin [1].

Avec sa deuxième section le lieutenant Wilhelm s'est emparé du point A, un pont en vaste dos d'âne qui franchit la voie ferrée et domine l'entrée de la Nouvelle Ville, commandant les vastes boulevards qui mènent vers l'est.

Un oiseau rare, Wilhelm. Polytechnicien, il aurait pu, comme ses camarades, choisir une arme « savante », l'Artillerie ou le Génie. Il a préféré la Légion parachutiste où les grosses têtes n'ont pas excellente réputation. Il veut y faire son trou.

Pour le moment le capitaine Gausserès, avec la section de l'adjudant Ivanov, avance vers la gare, où stationne un train composé de nombreux wagons. Ivanov les fait fouiller par ses hommes. Deux wagons sont remplis de munitions destinées à l'armée zaïroise, l'un contient des obus de mortiers de 81, l'autre des grenades américaines et des cartouches de fusil.

Tous les autres wagons sont plombés.

Au moment précis où Gausserès s'apprête à quitter la gare, le bruit d'un accrochage important se fait entendre dans son dos, du côté de l'entrée de la Nouvelle Ville tenue par Wilhelm.

---

1. Voir en annexe n° 2 la liste des coopérants militaires français portés disparus.

Deux automitrailleuses venant de l'est par le boulevard Mobutu ont pris à partie les légionnaires de la troisième section dans le but évident de reconquérir le pont. Elles tirent à la mitrailleuse et au canon sur les paras qui se mettent à l'abri des remblais. Par chance la section Wilhelm vient de récupérer son lance-roquettes antichars depuis cinq minutes. Le tireur, le caporal Morin, pointe son arme sur le premier blindé qui est à présent à moins de cent cinquante mètres. Il le laisse encore avancer : cent mètres, cinquante mètres. Morin, sans broncher, le doigt sur la détente, attend que l'automitrailleuse devienne un cible impossible à manquer.

A trente mètres, il presse sur la détente. Coup au but. L'automitrailleuse est détruite. Le pilote est tué sur le coup, tandis que les deux hommes de l'équipage parviennent à s'enfuir. Le second véhicule blindé avance à son tour et arrose le pont de balles. Les légionnaires ripostent vigoureusement. Solatorenzo, excellent tireur au fusil mitrailleur, expédie des rafales courtes et précises, tandis que le caporal Laroche, debout au milieu de la chaussée, pointe son fusil lance-grenades sur l'ennemi, comme s'il n'avait en face de lui qu'un « plastron » d'exercice. La seconde automitrailleuse s'immobilise à son tour. Ses occupants bondissent dans les rues adjacentes. C'est alors qu'un camion survient dans le boulevard Mobutu. Les fusils mitrailleurs ne le laissent pas approcher. Il vire aussitôt dans une rue latérale et disparaît.

Pendant que le lieutenant Wilhelm se bat contre les automitrailleuses, l'adjudant Ivanov poursuit sa progression vers le point coté 1476. Il le reconnaît et, sans s'arrêter, s'empare du carrefour *Roméo* [1], où il est pris à partie par les rebelles qui tirent en enfilade par les avenues partant en étoile autour de l'église Notre-Dame-de-la-Paix. Gausserès qui le suit avec son petit commando de commandement est obligé lui aussi de se jeter dans un fossé, les rebelles sont installés dans les parties hautes de la ville et le dominent.

Par radio, Gausserès apprend que Bourgain a quitté l'hôtel Impala et poursuivi sa progression plein sud par l'avenue Maduda (autrefois avenue Cornet). Au carrefour de cette avenue et de l'avenue des Cassias, le lieutenant est pris à partie

1. Voir plan de Kolwezi, pp. 2-3.

par les rebelles. Le caporal-chef Lombard et le légionnnaire Golic, un Yougoslave, repèrent les Katangais.

Tous deux sont des tireurs d'élite. En quelques minutes ils abattent trois rebelles et récupèrent quatre armes. La progression peut se poursuivre en direction du pont *Bravo* (de son vrai nom le pont Mwakisenge) qui commande l'entrée du village « indigène » de Manika. Un feu, très nourri, venant d'armes vraisemblablement russes, des fusils Kalachnikof ou des M 16, les accueille dès qu'ils quittent les abris des maisons. Ce tir provenant des lisières nord de Manika, en particulier de l'Ecole technique officielle, les oblige à stopper. Ils devront manœuvrer pour s'emparer de l'objectif. Bourgain ordonne :

— Sableg ! avec ton deuxième groupe tu t'occuperas du pont ; le sergent Touami fera face au bâtiment sud qui domine Manika et le sergent Moreau, avec le troisième groupe, restera en soutien !

Moreau est un tout jeune sergent qui sort du peloton. Il n'a pas encore son groupe bien en main. Bourgain le met en appui pour l'habituer au feu. Et puis... excellent comportement. Très vite parfaitement rodé !

A mi-pente, le sergent Sableg et ses hommes sont bloqués par un tir que déclenchent au moins une dizaine de tireurs à partir de l'Ecole technique officielle et de ses abords.

— Tirez des grenades à fusil ! lance Bourgain au groupe Moreau.

Une volée de grenades s'abat sur les positions ennemies. Leur efficacité ne laisse aucun doute, des rebelles font des bonds en arrière pour échapper aux explosions. Toutefois l'ennemi tient encore solidement l'ensemble de ces bâtiments. Bourgain ordonne à Moreau de les déborder par la gauche. Largement étalé, le groupe Moreau descend le versant du thalweg, dans les roseaux qui le masquent à la vue des Tigres. Il enfonce dans le terrain marécageux mais parvient néanmoins à franchir la rivière et ouvre le feu sur les éléments rebelles qui tentent de l'empêcher de prendre pied sur les pentes qui mènent à Manika.

L'intensité des tirs provoqués par cette manœuvre prouve à Bourgain que les rebelles craignent de se faire déborder. C'est le moment qu'il choisit pour foncer directement sur le pont avec son groupe de commandement et le groupe du sergent Sableg.

Complètement désorientés par cet assaut auquel ils ne s'attendaient pas, les rebelles ne parviennent pas à empêcher Bourgain de franchir le pont et de s'accrocher sur les premières pentes qui mènent à Manika.

Les tireurs d'élite du groupe sud, ceux du sergent Touami, ont magnifiquement utilisé leurs armes. Avec une précision diabolique, ils sont parvenus à abattre les rebelles à trois cents et quatre cents mètres. Lorsque le groupe nord parvient enfin à proximité du bâtiment de l'Ecole technique, il constate que dix rebelles ont été tués, la plupart d'une balle dans la tête. Il récupère sept armes.

Les Katangais ne s'avouent pas vaincus pour autant. S'ils ont décroché de l'Ecole technique, ils n'en tiennent pas moins solidement la gendarmerie située à proximité du carrefour *Victor.*

Bourgain va confier au sergent Moreau la mission de conquérir le bâtiment. Mais auparavant les légionnaires doivent s'emparer des maisons environnantes, notamment celles qui se trouvent à l'est du carrefour. Sans ordres, de sa propre initiative, avec un sens du combat qui suscite l'admiration des sous-officiers, le caporal Callerf parvient à mettre son fusil mitrailleur en batterie à l'entrée de l'avenue Okito et à la prendre d'enfilade. L'efficacité de ses tirs est telle qu'il interdit tout franchissement. Par six fois, les rebelles tentent de forcer le passage. Six fois, ils refluent ; ils laissent six cadavres sur le trottoir.

La gendarmerie est toujours aux mains de l'ennemi. Avec le groupe Sableg, Bourgain occupe l'Ecole technique. Il décide de s'emparer des baraques qui sont à proximité. Au PM, à la grenade, le sergent Sableg entraîne ses hommes qui se battent presque à bout portant. Le légionnaire Jansen — un Danois — très bon tireur au PM, abat plusieurs Katangais.

Au total neuf sont tués dans ces bâtiments et neuf armes récupérées, en particulier des fusils automatiques soviétiques.

Le groupe sud du sergent Touami a traversé la rivière à son tour pour prêter main-forte au reste de la section qui cherche à s'emparer de la gendarmerie. Tout à coup un rebelle surgit derrière le sergent et pointe son arme. Le légionnaire Tavari a vu le geste. Il ne dispose que de son pistolet et se trouve à quinze mètres. Il ne tire qu'une seule balle. Le rebelle s'écroule, foudroyé.

La gendarmerie est maintenant toute proche. Le lieutenant Bourgain donne des ordres.

— Avancez un peu, débordez le bâtiment par la gauche ! Prenez la route en enfilade !

Et comme un légionnaire se poste mal, il hurle :

— Avance un peu, nom de Dieu, tu es mal placé !

Mais le légionnaire réplique :

— Ecoutez, mon lieutenant. Il y a des types qui parlent !

Bourgain tend l'oreille... Il lui semble entendre des voix venant de la gendarmerie. Il arrive à distinguer des appels en français : « Ne tirez pas ! ne tirez pas ! Attention ! ne tirez pas dans la maison ! »

— Armée française ! crie Bourgain de toutes ses forces.

Un remue-ménage, des exclamations et des cris accueillent cette révélation.

— Aucun doute, pense Bourgain, il y a des otages là-dedans.

Mais les rebelles acharnés sont toujours décidés à se défendre. Le sergent Moncheau en abat deux au PM. Des tireurs d'élite en tuent deux autres qui tiennent la porte d'entrée.

Il faut faire vite. Pour éviter toute méprise, Bourgain décide de pénétrer lui-même à l'intérieur du bâtiment suivi de son seul groupe de commandement.

Il fait un bond, franchit la porte. A l'intérieur, un Katangais dégoupille une grenade et s'apprête à la lancer dans la pièce où doivent être enfermés les otages. Bourgain l'abat d'une rafale. L'homme tombe. La grenade roule au sol et fuse.

— En arrière ! hurle Bourgain en sortant lui-même précipitamment.

La grenade explose dans la cour.

Mardi dernier, Claude Dornaker a été arrêté. Sur le chemin de la prison, dix fois, des automobiles bourrées de Katangais s'arrêtaient et se proposaient pour le fusiller. Il a été sauvé par l'entêtement de son « gardien » qui sans doute ne connaissait que la consigne.

A la prison, il a été entassé avec des dizaines d'autres otages, Européens et Zaïrois mêlés, dans une cellule où personne ne pouvait ni s'asseoir ni même bouger. Au fil des jours, les Katangais faisaient sortir les Zaïrois et les fusillaient à même le sol de la gendarmerie, parfois avec des raffinements inouïs de cruauté.

Et puis, tout à l'heure, il y a eu des cris et les Katangais se sont précipités au-dehors.

— Les paras ont sauté sur Kolwezi ! a traduit quelqu'un qui avait compris des bribes de conversation.

Le cœur gonflé d'espoir, les prisonniers se sont alors rués hors des cachots dont les portes n'étaient pas verrouillées. Ils sont sortis dans la cour, ont franchi le porche.

Et puis ils ont aperçu, venant vers eux, une horde dépenaillée, armée de bâtons, de sabres, de machettes et qui fonçait sur eux en vociférant et brandissant leurs armes.

— Ils crient que ce sont des Cubains qui sont venus les libérer, a traduit un officier zaïrois, miraculeusement épargné jusque-là.

Après l'espoir, la terreur s'est à nouveau abattue sur le groupe des survivants. Un Européen, un hercule, Frédéric Hautot, a crié :

— Replions-nous dans les cellules. Nous y serons en sécurité.

Mais les portes des cachots sont conçues pour être verrouillées de l'extérieur. Il a fallu toute la force de Frédéric Hautot, aidé par Claude Dornaker et d'autres volontaires qui avaient noué leurs chemises bout à bout en une sorte de corde, pour l'empêcher de céder sous la formidable poussée de la populace déchaînée. Les coups pleuvaient sur les mains, les avant-bras. Mais les hommes tenaient bon. Ils se cramponnaient à cette porte avec toute l'énergie avec laquelle ils s'accrochaient à la vie.

Il y a eu d'autres cris. D'autres appels.

Et, aussi brusquement qu'elle avait surgi, la horde a cédé le terrain. Inexplicablement.

Déjà échaudés une première fois, les prisonniers n'osaient pas croire au miracle. Ils préféraient attendre un peu, avant de penser qu'ils étaient sauvés.

— Ecoutez ! j'entends des cris en français...

— Ce sont les paras !

Les prisonniers ont eu peur que les soldats ne les prennent pour cible. Ils savaient qu'à la guerre, on tire d'abord... Ils ont appelé. Ils allaient sortir.

Et il y a eu cette explosion, dans la cour...

Le lieutenant Bourgain se précipite vers la porte d'où il entend crier. Il l'ouvre et ordonne :

— Sortez, les mains en l'air.

Des hommes, des femmes et des enfants dans un état lamentables, crottés, hirsutes, les vêtements déchirés, le visage ravagé, sortent dans cette cour. Quelqu'un entonne la *Marseillaise* que tous reprennent en chœur. Le grand lieutenant est bousculé, embrassé. Ses hommes sont pris à bras le corps eux aussi et malgré les tirs nourris qui continuent de se faire entendre à l'extérieur, une intense émotion se dégage de cette scène à peine croyable. Ils sont vingt-six Blancs et neuf Noirs. Il y a des Belges, des Français, des Américains, des Australiens et même un ancien légionnaire-parachutiste, le sergent Caténa.

Ces malheureux veulent immédiatement quitter ces lieux maudits où ils ont été entassés dans des cellules minuscules, au milieu de leurs excréments. Certains sont blessés. Tous sont traumatisés et n'ont qu'une idée, partir. Un petit garçon reste hébété au milieu de cette agitation. Une fillette de deux ans et demi est blessée. Une autre qui ne doit pas avoir cinq ans, la robe tachée du sang de sa mère, ne cesse de répéter qu'elle a vu abattre sa maman. Elle était dans ses bras quand les Katangais l'ont tuée. Ces enfants ont vu leur père et leur mère se faire massacrer. Ils ont été pris en charge par des Européens compatissants alors qu'ils erraient dans la ville.

Bourgain tente d'obtenir quelques précisions :

— Combien étiez-vous ? Y en a-t-il d'autres encore détenus par les rebelles ?

— Tous les autres ont été massacrés, lui répondent-ils. A la grenade. Les femmes et les enfants aussi. C'étaient des Belges. Un capitaine de gendarmerie zaïrois a été fusillé, un autre a réussi à s'échapper.

Bourgain ne peut rien obtenir de plus précis, tant l'affolement de ces rescapés est total.

Il parvient à les empêcher de sortir mais il faut toute l'énergie du légionnaire Lombard pour les calmer et les persuader qu'ils sont à l'abri dans leur prison.

L'intensité des combats décroît avec la tombée de la nuit. Bourgain fait conduire les otages jusqu'à l'Ecole technique où il lui sera plus facile d'assurer leur protection. Quand la nuit est totale, la compagnie Gausserès a conquis tous ses objectifs : le pont *Alpha,* à l'entrée de la Nouvelle Ville, le carrefour *Roméo* qui en commande les artères principales, la gare et le quartier de la gendarmerie de Manika.

IV

LA « UNE » ET LA « DEUX »

Pendant que le capitaine Gausserès et ses sections s'emparaient de leurs objectifs, la 1re compagnie du capitaine Poulet (Vert) et la 2e du capitaine Dubos (Rouge) fonçaient vers les leurs. La 1re vers le sud, la 2e vers l'ouest.

A peine arrivé au sol, le capitaine Poulet entend des rafales, toutes proches. Sans attendre, il rameute rapidement ses sections, laissant à l'adjudant Hosteins le soin de rassembler celle de commandement.

— Premier objectif, dit-il brièvement : le lycée Jean-XXIII, au sud. Les rebelles y ont paraît-il regroupé les Européens. Chaque section prend un itinéraire différent : la première à gauche, la seconde au centre, la troisième à droite. Foncez et nettoyez toutes les résistances.

Les chefs de section approuvent, sobrement. Ils savent que de leur rapidité d'exécution dépendra la survie ou le massacre des otages.

Le lieutenant Rochon — Vert 1 — s'engouffre dans l'avenue Lufira (sur son plan, elle a conservé son ancien nom de Bobozo). Vert 2, l'adjudant Pou, avec la section de commandement, remontent l'avenue Gazumbu, tandis que Vert 3, le lieutenant Puga, s'engage dans l'avenue du Collège.

En progressant, les légionnaires découvrent un spectacle de carnage et de désolation. Des débris jonchent les rues. Voitures incendiées, meubles défoncés, carcasses d'appareils ménagers, donnent une impression pénible de violence aveugle. Partout aussi des traces d'incendie, d'explosions. Les façades sont éventrées par des grenades, écaillées par les rafales. Il n'y a plus une ampoule aux lampadaires, plus une fenêtre intacte.

Poulet rend compte : « Les renseignements les plus pessimistes que l'on pouvait posséder sur la situation à Kolwezi sont encore en dessous de la réalité. »

Derrière leurs volets, abrités derrière des remparts de fortune, constitués la plupart du temps de leurs matelas, les Européens terrés dans leurs maisons ont d'abord observé avec circonspection le ballet rapide des hommes qui passaient devant eux. Et puis, lorsqu'ils ont eu la certitude qu'il s'agissait de parachutistes européens, ils se sont hasardés sur les trottoirs.

La nouvelle s'est aussitôt répandue dans la rue. Hommes, femmes, Européens et Zaïrois mêlés se sont précipités sur leurs sauveteurs, les acclamant, les embrassant avec une fougue, une sincérité qui a largement payé les légionnaires des fatigues de ces dernières heures.

Les rescapés du massacre ont besoin de parler, de se défouler. Ils racontent, en vrac, pleurant, bégayant, s'interrompant. Ils ont eu si peur. Ils ont tant espéré. Tant redouté.

Calme, apaisant, le capitaine Michel Poulet les écoute. Il pose des questions, essaie de situer les positions katangaises. Il n'obtient que des réponses vagues, contradictoires. « Ils sont encore ici... Au lycée Jean-XXIII. Non, « ils » en sont partis tout à l'heure... »

Un homme propose :

— Je sais où se trouve un PC rebelle. Je peux vous y conduire si vous voulez...

— Allons-y.

Tandis que le capitaine Poulet se renseigne, la section qui descendait par l'avenue Lufira annonce qu'elle a reconnu le lycée Jean-XXIII :

— Les rebelles sont partis. Nous avons libéré une centaine d'Européens parqués dans les caves...

— Bien reçu.

La situation s'éclaircit. Poulet déroute sa 2e section, l'envoie vers l'ouest reconnaître les abords du couvent Notre-Dame-de-Lumière en longeant la clôture qui ferme le parc, tandis que la 3e investira le couvent proprement dit.

Puis il poursuit sa route, guidé par l'Européen qui lui sert de guide.

Michel Poulet est un grand garçon paisible, aux manières courtoises. Originaire du Nord, ancien élève de la Corniche Leclerc au lycée Henri-IV de Paris, il a fait Saint-Cyr dans les rangs de la promotion Brunet de Sairigné (1967-69), ce colonel Brunet de Sairigné, qui est un symbole respecté des vertus de la Légion d'après-guerre : jeunesse, beauté, intelligence, brio. Michel Poulet, comme beaucoup de ses camarades, l'a pris pour modèle. Il en a déjà la silhouette longiforme et racée...

Michel Poulet est au milieu de cette avenue Gazumbu, encore marquée des stigmates de la guerre, aussi à l'aise que dans un salon parisien.

— Vert de Vert 2. Parlez ! — C'est l'adjudant Pou qui se manifeste.

— Vert, j'écoute. — Michel Poulet parle, sans s'arrêter de marcher.

— Avons anéanti un groupe de rebelles à proximité de l'objectif.

— Reçu, Vert 2.

L'adjudant Pou vient d'entrer en scène. Il le fait comme il fait tout. Sans en rajouter, avec discrétion et efficacité. Michel Poulet peut avoir confiance.

Il poursuit, vers le sud, rapidement. Il dépasse le carrefour de l'avenue Kasavubu, s'engage dans la rue commerçante, celle-là même qu'a parcourue, lundi dernier, Marc Fauroux entre les mains de ses gardiens. Mais le spectacle n'est plus le même. Les boutiques ont été pillées, systématiquement. Et même le mot de « pillés » est insuffisant. Elles ont été déménagées dans la rue, sur les trottoirs, et leur contenu détruit, piétiné, réduit en charpie comme par un troupeau d'éléphants. Cette artère, autrefois animée et prospère, ressemble maintenant à une gigantesque et sanglante décharge publique.

Car il y a du sang. En petits filets séchés le long des caniveaux. En grosses plaques brunes où grouillent les mouches bleues, émaillées de débris qu'on n'ose identifier...

— Ici Vert, dit Poulet dans le poste. Je me dirige vers le point *Charlie* [1].

A mesure qu'ils descendent vers le lac, au sud de la Vieille Ville, les légionnaires sont happés par l'odeur effroyable qui se dégage des cadavres échelonnés, de plus en plus nombreux, au long de l'avenue. Des cadavres gonflés, noircis, aux lèvres éclatées, aux yeux mangés par les oiseaux. Les légionnaires de la section de commandement se veulent insensibles, mais ils répriment des hauts-le-cœur et évitent de détailler le spectacle. Pour tous ou presque, c'est la plongée brutale dans le domaine de l'horreur. Une rude expérience.

Michel Poulet progresse toujours vers le point *Charlie* qu'il a reçu mission d'occuper et de tenir avant la nuit afin d'interdire le repli des Katangais vers le sud et de contrôler solidement l'isthme de terre qui sépare les lacs *Mike* et *November.*

En marchant, il fait une macabre constatation. Avec le soleil et la chaleur, les cadavres des Européens ont noirci, tandis que ceux des Africains se décolorent et prennent une couleur crayeuse.

Deux de ses sections l'ont rejoint. Il les envoie en reconnaissance au point *Yankee,* les rejoint bientôt, avec son guide.

— Le PC rebelle est là, dit ce dernier.

Sur sa carte, cet endroit correspond au point 56. Poulet lance ses ordres, jette ses légionnaires en avant, arrive presque en même temps qu'eux sur l'objectif. Quelques rafales, deux ou trois grenades. L'objectif est conquis. Au bilan, deux mitrailleuses allemandes MG 42, deux postes radio, un drapeau. Plus une brassée de documents qu'il n'a pas le temps d'exploiter mais qu'il fait aussitôt acheminer jusqu'au PC.

Ces documents permettent bientôt de se faire une idée exacte des intentions du Front national de Libération du Congo (FNLC), la façon dont a été conduite l'attaque sur Kolwezi, la nature et l'importance des effectifs engagés et le nom des principaux chefs.

Ces documents montrent aussi que les unités constituées katangaises ont décroché dans la matinée et que de petits groupes demeurent éparpillés dans la ville, principalement dans la cité « indigène » de Manika. Ils laissent penser également que des effectifs plus importants, des compagnies, tenteront de s'accrocher dans les villages environnants en menant des combats retardateurs.

— Au total, précise le capitaine Thomas, officier de renseignements, ce sont onze bataillons de trois cents hommes qui ont été engagés dans cette « seconde guerre du Shaba ». Six bataillons de la 4e Zone de Guerre, en particulier le 1er, le 4e et le 6e ont été mis en couverture sur l'axe Kolwezi-Dilolo [1] en direction de Kasaji et Mutshatsha.

Thomas poursuit :

— Les Katangais disposent de nombreuses armes lourdes, notamment de mortiers chinois de 82, de 81 français « Brandt », et de mortiers-commandos de 60.

« Le commandant de l'opération « Colombe » — un nom curieux pour de pareilles intentions — est le major Mufu.

« Cette opération « Colombe » avait trois objectifs :

« Primo : de s'emparer de Kolwezi.

« Secundo : de lever une milice sur place.

« Tertio : d'attendre les renforts venant d'Angola pour poursuivre l'offensive vers l'est par Likasi et Lubumbashi.

Larguée en queue de la première vague du 2e REP, la 2e compagnie (Rouge) du capitaine Dubos est tombée à l'extrême ouest de la zone de saut, dans un endroit boisé qui sépare la Vieille Ville du cercle hippique « Le Bridon », à proximité des éléments du PC du colonel Erulin.

— Mission de Rouge, a précisé le colonel : la partie ouest de la Vieille Ville.

Sur le plan directeur au 1/10 000e qu'il a reçu, comme ses camarades, les autres commandants de compagnie, Dubos a tracé à grands traits de crayon les axes de progression des sections et les principaux objectifs qu'il aura à investir : l'hôpital de la Gécamines (GCM) et la partie ouest du couvent Notre-Dame-de-Lumière.

En outre, il doit s'organiser de façon à interdire le repli des unités rebelles vers l'ouest en contrôlant solidement la zone des garages GCM où, d'ailleurs, il devrait récupérer les premiers véhicules, indispensables à la motorisation du régiment. Car, édifiée par des Européens en vue d'une expansion rapide de la circulation, Kolwezi est terriblement étendue. Ce

1. Face à l'axe de pénétration emprunté l'an passé pour la première guerre du Shaba.

n'était pas l'espace qui manquait et les urbanistes ont dessiné de larges avenues bordées de jardins où sont construites des maisons individuelles.

L'inconvénient, tant que le régiment n'aura pas reçu ses moyens organiques — qui doivent arriver « incessamment » dès que l'aérodrome sera atteint — c'est que les compagnies s'essoufflent à parcourir quartiers et avenues et à aller rapidement d'un objectif à l'autre.

Pour la 2e compagnie, l'atterrissage s'est passé sans problèmes. Sitôt au sol, elle a eu la surprise de découvrir un bivouac rebelle hâtivement abandonné. Sous les arbres, les légionnaires dénombrent des emplacements pour plusieurs centaines d'hommes. Des morceaux d'équipements militaires jonchent le sol, des bribes de matériel, des cartouches, des documents, des photos personnelles attestent qu'il y avait là un effectif important et témoignent de la rapidité du déménagement.

Dans un fossé gît un cadavre dont la tenue de combat verdâtre, zébrée de traits noirs porte encore à l'épaule l'insigne bleu, timbré du tigre doré des Katangais.

Dubos ne s'attarde pas. Il lance ses sections sur leurs axes.

— Itinéraire, dit-il : les avenues Grévilléas (qui, entretemps, a changé de nom et s'appelle avenue Djugu), l'avenue Kyalwe (devenue Msiri), l'avenue des Poivriers et l'avenue des Pins, foncez en direction de l'hôpital de la Gécamines.

Le lieutenant Raymond (Rouge 2), les sergents-chefs Aoustet (Rouge 3) et Milesie (Rouge 1) ont compris et s'élancent. Ils manœuvrent comme à l'exercice. De jardins en jardins, faisant bondir leurs voltigeurs par-dessus les clôtures, tandis que les demi-groupes de fusiliers les couvrent en prenant d'enfilade les avenues rectilignes, ils parviennent bientôt à la hauteur de l'avenue Kasavubu, l'artère qui traverse d'un bout à l'autre la Vieille Ville depuis les bureaux de la Gécamines, loin à l'ouest, jusqu'au collège Jean-XXIII sur la périphérie est.

— Tout va bien, pense Dubos.

Le capitaine est satisfait. Ses camarades et ses hommes, quand il ne les entend pas, l'appellent familièrement « Bobosse », bien qu'il n'ait rien qui rappelle le héros malchanceux de la célèbre pièce d'André Roussin, au contraire. Il est râblé, un visage coloré avec d'étonnants yeux d'un bleu de porcelaine. Issu de la promotion « Maréchal Juin » (1966-68), il n'a rien perdu de sa fougue de Saint-Cyrien et fonce en tête, partout où il pressent que l'on a besoin de lui [1].

Pour l'instant, c'est l'adjudant Schyns qui a besoin de son capitaine. En débouchant sur l'avenue Kasavubu, sa section de commandement a été prise sous un feu violent dans lequel on reconnaît le rythme caractéristique d'une mitrailleuse lourde. Schyns et Dubos se demandaient comment allaient réagir leurs jeunes légionnaires pas encore rompus au combat. Ils sont rapidement fixés.

Après une seconde d'hésitation, les réflexes jouent et les hommes bondissent, comme on le leur a fait faire cent fois à l'instruction. Ils se déplacent, comme des kangourous, progressant droit vers le groupe ennemi. Surpris d'être contrés d'une façon aussi décidée, les Katangais n'insistent pas en dépit de leur supériorité matérielle. Ils décrochent bientôt. La route est libre.

Section par section, la 2e compagnie investit bientôt l'hôpital de la Gécamines. Dubos fait la grimace. Avant de partir, le colonel lui a dit :

— Puisque nous n'avons pas d'antenne chirurgicale pour nos blessés, il nous faudra impérativement conquérir l'hôpital afin de pouvoir les soigner...

Il ne saurait en être question. Tout a été là aussi saccagé et détruit. Même les armoires à médicaments ont été défoncées, leur contenu écrasé à coup de crosse ou piétiné rageusement.

Les matelas éventrés ont été balancés dans les couloirs et les cages d'escalier avec les lits... et parfois les occupants. On ne peut plus parler d'hôpital, mais de chantier de démolition.

Dubos saisit le combiné du poste radio et rend compte au PC. Le médecin principal Ferret est mis au courant. Avec sa petite équipe, l'aumônier-infirmier-brancardier Yannick Lallemand fait dire qu'il arrivera dès que possible sur les lieux.

---

1. La 2e compagnie du 2e REP est célèbre à la Légion pour avoir contribué, voici quatre ans, à Djibouti à la conclusion heureuse d'un détournement de car scolaire. Capturé par des rebelles venus de Somalie, ce car avait été emmené par des rebelles vers la Somalie et stoppé *in extremis,* à Lopada, par une intervention rapide. Plus tard la 2e compagnie du 2e REP a donné l'assaut aux pirates et récupéré une mitrailleuse et trois fusils d'assaut.

— Hôpital apparemment inutilisable, précisera-t-il à son tour. Je suis plus utile au PC où je peux soigner les blessés paisiblement.

La 2 a conquis son premier objectif. Elle prend maintenant ses dispositions pour assurer le bouclage face à l'ouest.

V

LA DEUXIEME VAGUE

Après le décollage de la première vague, les légionnaires constituant la seconde ont commencé à embarquer à bord du DC 10 d'Air Zaïre qui doit les emmener vers Kamina, à mi-chemin de Kolwezi, où ils seront transbordés sur les avions rentrant de leur première mission.

Selon les estimations du colonel Gras, cette seconde vague devait comprendre environ deux cents hommes. Elle en comporte en réalité près de deux cent cinquante.

En plus de la 4ᵉ compagnie du capitaine Grail (Gris) se trouvent les hommes de la section d'éclairage et de reconnaissance (SER) du capitaine Halbert. Et ces hommes ne sont pas décidés à abandonner leur part du combat. A l'image de leur chef, Halbert, ce sont des « super-parachutistes » : cette SER comporte en effet six sous-officiers et une vingtaine de légionnaires qui, tous, possèdent le brevet de « Chuteurs opérationnels ». C'est-à-dire qu'ils sont tous capables d'être largués, en « commandé », à très haute altitude, de se diriger en vol — éventuellement de se regrouper en l'air — et de se poser sur les arrières ennemis, individuellement ou en groupe, pour y mener des actions de sabotage, de renseignement, de coup de main avec un matériel très sophistiqué.

Halbert, leur capitaine, est petit, carré. C'est un roc.

En plus des légionnaires du 2ᵉ REP, le DC 10 d'Air Zaïre

emmène aussi les instructeurs français du 311ᵉ bataillon parachutiste zaïrois. Quand le major Mahele est parti de Kinshasa à sa tête, lundi, les instructeurs français ont eu le cœur serré de le voir s'en aller sans pouvoir partager son sort. En quelques mois de cohabitation, ils se sont attachés à leurs camarades africains, volontaires parachutistes, sur lesquels le général Mobutu fondait ses espérances. Ils doivent devenir le fer de lance de cette armée zaïroise qu'il a jusque-là eu tant de difficultés à mettre sur pied et qui a connu tellement d'échecs et de déboires.

Les instructeurs français sont fiers de l'exploit du major Mahele à Kazembe. Ils sont impatients d'aller le rejoindre, ayant enfin arraché l'autorisation présidentielle de combattre aux côtés de leurs jeunes frères d'armes du 311ᵉ.

Mais, de tous les hommes qui composent les passagers du DC 10, le plus heureux, le plus enthousiaste peut-être est le colonel Larzul qui ne tient plus en place depuis que le colonel Gras lui a confié la mission de sauter avec les éléments du PC opérationnel, le commandant Capelli et l'adjudant Leclère [1].

Il ne s'y attendait pas. Il a foncé chez lui, a fouillé ses cantines pour retrouver une tenue de combat qu'il avait enfouie, à cent lieues de se douter qu'il pourrait en avoir besoin un jour. Il l'a récupérée, sans s'apercevoir que le pantalon n'est pas du tout assorti au camouflage de la veste. Mais ce détail vestimentaire ne l'intéresse pas le moins du monde. Il sauterait en tenue blanche ! L'essentiel pour lui, c'est d'être sur le terrain.

Il est près de 16 heures quand le DC 10 se pose sur la piste de Kamina. Déjà légionnaires et parachutistes se lèvent, récupèrent leur matériel, attendant dans l'allée centrale que la porte s'ouvre. Elle s'ouvre. Mais rien ne se passe.

Par l'ouverture, le steward, l'air ahuri, regarde, à six mètres au-dessous, un employé d'Air Zaïre qui mouline de grands gestes impuissants.

— C'est complet, grogne Larzul. — Ils ne possèdent pas de passerelle de débarquement pour DC 10 !

— Go ! fait un plaisantin, dans son dos.

Ils rient. Mais la situation n'est pas drôle. Ils sont quelque

---

1. Il y a également quatre convoyeuses de l'air, aux ordres du commandant Solange Roy.

deux cent cinquante passagers, bloqués dans la cabine d'un avion, à six mètres du sol, sans possibilité immédiate d'en descendre.

— Y a qu'à larguer les toboggans de détresse, propose un sous-officier.

— Pas question, réplique le commandant de bord : avec vos équipements et vos bagages, vous allez crever les boudins d'air.

Les légionnaires se sont rassis à leur place, fatalistes. Ils s'efforcent à la bonne humeur, tout en trouvant que la plaisanterie est d'un goût douteux. Ils savent qu'ils avaient tout juste le temps d'embarquer à bord des Transall et de l'Hercules pour arriver avant la nuit au-dessus de Kolwezi [1].

— Et, précise le colonel Larzul, n'oubliez pas que nous sommes pratiquement sur l'équateur et que la nuit tombe d'un seul coup, sans crépuscule...

Raison de plus pour se hâter. Mais le problème n'est toujours pas résolu. Et les parachutistes attendent toujours.

— Comme si c'était le moment de déconner, grogne un légionnaire : on a besoin de nous à Kolwezi...

C'est à cela qu'ils pensent, les légionnaires de la 4 et de la SER ; aux copains qui sont peut-être en difficulté, aux otages qu'il reste à secourir...

Finalement, au bout d'une demi-heure de recherches vaines les « naufragés » du DC 10 sont secourus par un entrepreneur de transports belge qui se présente sous le ventre de l'appareil au volant d'un engin de levage. Les manutentionnaires peuvent alors ouvrir les soutes et décharger le matériel. Quant aux passagers, ils quittent l'avion en empruntant une échelle de peintre, hissée sur une passerelle normale...

Le temps presse. Légionnaires, parachutistes et largueurs font des prouesses pour percevoir les parachutes, adapter les gaines aux harnais (instruits par l'expérience du matin, les hommes ont préparé ficelles et fils de fer), ajuster les sacs et fixer les armes.

Déjà, les avions de la première vague rentrant de Kolwezi viennent de se poser sur la piste.

— Plus vite, plus vite ! Grouillez-vous !

---

1. Il y a un changement de fuseau horaire entre Kinshasa et Kamina.

Les largueurs s'époumonent, courent de droite et de gauche, pour rassembler les parachutistes dans l'ordre prévu par le plan de fractionnement. La fièvre monte. Enfin, tout est prêt et les premiers peuvent commencer à embarquer.

Ils ont la démarche embarrassée de gros pachydermes et progressent de façon grotesque, poussés aux fesses, tirés par la main pour escalader l'échelle de fer qui mène aux avions de transport, les tympans malmenés par le hurlement des moteurs qui tournent toujours à plein régime, à croire que les Zaïrois ignorent qu'il existe des nuances entre le zéro et l'infini.

Il est près de dix-sept heures locales, lorsque la deuxième vague décole enfin de Kamina.

A l'ouest, le soleil a entrepris sa plongée rapide vers l'horizon qui rougit.

Il était sans doute écrit que les hommes de la deuxième vague n'auraient pas de chance. Il faisait nuit quand ils arrivaient au-dessus de Kolwezi.

Mais c'était la pleine lune et on distinguait encore assez bien le sol parsemé de grandes taches blêmes. L'ordre tant attendu avait retenti, le fatidique :

— Debout, accrochez !

A la porte, la lumière s'était allumée.

Dans la cabine, tout comme l'avaient fait tout à l'heure leurs camarades de la première vague, les légionnaires se livraient aux mêmes acrobaties pour relever les banquettes, accrocher leur mousqueton à la static-line, opérer chacun, pour le voisin de devant, les vérifications nécessaires. Car, une fois encore, il n'était pas question pour les largueurs de mener à bien cette partie essentielle de leur besogne. Les rangs étaient trop serrés.

Les premiers de stick étaient en position, la tête au-dessus du trou noir. Ils distinguaient, çà et là, l'éclair vif de balles traçantes qui ricochaient au sol et dessinaient des arabesques d'un bel effet. Cela les renseignait : leurs camarades des autres compagnies étaient encore au contact.

Les avions tournaient depuis dix minutes au moins. Dans les cabines, la tension était à son comble. Tous attendaient le « go » libérateur. Mais rien ne se produisait. Et puis, d'un coup, la lumière rouge s'éteignait. Les largueurs repoussaient vers le fond, à grands coups d'épaule, les premiers de stick. Le saut était annulé.

Surmontant leur déception, les légionnaires tentaient de s'organiser pour passer le temps du retour dans des conditions de confort acceptables. Ce devait être pire qu'à l'aller. Il s'était vite révélé impossible de rabattre les banquettes et ils avaient dû rester debout, jambes fléchies, s'appuyant au hasard d'un montant, d'un sac, ou se coinçant les uns contre les autres.

Les avions avaient reçu l'ordre de ne pas revenir à Kamina, mais d'aller se poser à Lubumbashi, à l'est. Ils se posaient à 19 h 30.

Pour les légionnaires, c'était la fin de leur supplice.

Ils débarquaient, se déséquipaient avec des soupirs d'aise. Ils râleraient plus tard. Mais, déjà, un ordre circulait :

— Le saut est reporté à demain. On passe la nuit sur place.

Blottis les uns contre les autres pour échapper au froid de la nuit, vif à cette altitude, la même qu'à Kolwezi, les légionnaires de la seconde vague s'efforçaient de dormir sous les ailes des avions.

Avant de renoncer à demander le largage de cette seconde vague, le colonel Erulin a beaucoup hésité. Il imagine la déception des hommes qui vont s'en retourner, frustrés. Mais il sait qu'il peut se permettre d'attendre le lendemain : les trois compagnies qui sont engagées depuis la fin de l'après-midi ont montré tant de fougue dans la conquête de leurs objectifs, que la sécurité du régiment et de la ville ne paraît plus réellement menacée.

Et, tandis qu'il entend le ronronnement des avions qui s'éloigne vers l'est, Philippe Erulin pense aux péripéties de cette fantastique journée. Il est fier aussi du comportement de ses légionnaires, de très jeunes gens pour la plupart, mais qui, d'une façon étonnante, se sont, sur le terrain, comportés comme des vétérans. Il ne peut s'empêcher de se demander ce qui les a ainsi poussés en avant. Bien sûr, ce n'est pas le moment de philosopher, mais il imagine le poids qu'a dû peser dans la balance la tradition des légionnaires-parachutistes, une tradition d'héroïsme, de courage et de foi qui avait conduit les « bérets verts » à la pointe du combat en Indochine et en Algérie, une tradition lourde à porter pour ces jeunes qui en étaient les héritiers, inquiets de savoir s'ils en étaient dignes.

HUITIEME JOUR

SAMEDI 20 MAI

I

KOLWEZI

Nuit du 19 au 20 mai.

Il est 9 heures du soir. La nuit a cette limpidité de cristal que l'on ne trouve qu'en Afrique, et la lune, toute ronde, semble proche. Elle répand sur la ville une lumière d'un blanc léger, et estompe, dans le ciel d'un noir d'encre, la Croix du Sud que seuls ont déjà pu contempler les anciens de Djibouti. Mais les légionnaires ont d'autres préoccupations que regarder le ciel.

Le colonel Erulin, en effet, a donné l'ordre aux compagnies de tendre des embuscades à la périphérie de la ville afin d'empêcher les rebelles de pénétrer vers le centre ou d'errer à Kolwezi après être sortis de leurs caches.

A 8 h 30, il a transféré son PC au lycée Jean-XXIII pour être exactement au centre de son dispositif. Déjà, de nombreux Européens s'y présentent, en dépit des consignes données de rester calfeutrés dans les maisons.

Le lieutenant-colonel Bénézit les accueille, avec le capitaine Legrand. Ils écoutent les récits de cette semaine infernale, pleins de compassion pour tout ce qu'ont enduré ces hommes et ces femmes épuisés, hagards, à bout de nerfs :

— Vous savez, dit une femme belge : nous ne serons jamais assez reconnaissants au président Giscard d'Estaing d'avoir permis que l'on vous envoie...

— Un cadeau d'anniversaire, il y a tout juste quatre ans qu'il a été élu : le 19 mai 1974...

— Nous n'oublierons pas.

Avec le capitaine Thomas, officier de renseignements, et le capitaine Coevoet, officier opérations, le colonel Erulin a fait le bilan de cette brève journée de combat. Un bilan extraordinairement positif : une centaine de rebelles abattus, deux automitraileuses détruites, de nombreuses armes récupérées, lourdes ou individuelles. Côté 2e REP on ne compte, pour l'instant, que trois ou quatre blessés et cinq absents : les tireurs au LRAC qui n'ont pas encore rejoint et ne sont pas encore portés disparus. L'opération « Léopard » est d'ores et déjà un succès.

Une à une, les compagnies rendent compte de leur mise en place. Pour les légionnaires, cela constituera leur troisième nuit sans dormir. Une habitude. En manœuvres aussi, ils passent souvent des nuits blanches.

A la 3e compagnie du capitaine Gausserès (Noir) les sections sont en position. L'adjudant Ivanov (Noir 3) s'est éclairé au-delà du point *Roméo*. Il trouve deux villas qui, contrairement aux autres maisons du quartier, ne sont pas vides. Deux familles s'y terrent depuis le 13 mai, une belge et une française. Elles ont bloqué toutes les issues et se sont cachées entre toiture et plafonds, avec seulement quelques vivres et un peu d'eau. L'accueil de ces gens a ému les légionnaires. Le sergent-chef Lerel a été embrassé par les femmes avec une fougue qui l'a laissé pantois...

— Noir ? Ici Soleil.

Gausserès prend le combiné et écoute les consignes du colonel Erulin :

— Noir écoute.

— On vient de m'affirmer qu'il y aurait un charnier d'une quarantaine de Blancs dans la région de *Sierra*. Poussez une reconnaissance jusque là-bas et tâchez de retrouver ce charnier.

Le renseignement a été fourni par Charles Dornaker, l'un des Européens découverts à la prison par le lieutenant Bourgain. Dornaker a assisté de loin au massacre qui s'est produit dans les bureaux de la société Baron-Levêque à la suite du parachutage de la compagnie de paras zaïrois. Dornaker a été sauvé par miracle du carnage par son gardien qui a tenu à l'emmener à la prison.

Erulin a été atterré par le récit. Il en croit à peine ses oreilles. Peut-être espère-t-il, contre toute logique, qu'il y aura des rescapés ? Et si c'est le cas, ne peut-on pas tout tenter pour leur épargner une nouvelle nuit de souffrances et d'angoisse ?

Le carrefour *Sierra* se trouve au nord de la Nouvelle Ville, à l'extrémité du boulevard Mobutu. En fait le charnier est à trois cents mètres au sud, sur l'avenue Gungu, mais sans doute Dornaker n'a-t-il plus de souvenir précis.

Et Gausserès se met en route. Il a pris une escorte légère, quelques légionnaires et l'adjudant Ivanov. Le reste de Noir 4 est resté en arrière aux ordres du sergent-chef Lerel. Le petit groupe n'a pas fait cent mètres que l'odeur affreuse répandue sur la ville se fait plus dense encore. Presque compacte. Elle semble humecter la peau, coller aux vêtements. Tout sent la charogne. Gausserès comprend vite : il bute sur un cadavre, puis sur un autre. Il y en a tous les mètres, parfois sur deux épaisseurs. Ces gens, Noirs et Blancs, on été abattus sur le seuil de leur maison... Depuis combien de temps ? C'est impossible à dire. Mais l'état de décomposition dans lequel ils se trouvent laisse penser à Gausserès que la tuerie a dû avoir lieu mardi ou mercredi matin au plus tard.

Sous la pleine lune, ces corps gonflés aux rictus effrayants auraient inspiré un Goya ou un Jérôme Bosch. Une vision de cauchemar ! Mais le pire reste encore à découvrir. C'est une fillette à laquelle il manque une jambe, déchiquetée par les chiens, des chiens qui ont dévoré la cuisse d'un homme dont on aperçoit le fémur à demi rongé, qui ont lacéré le bas-ventre d'une femme... des chiens qui n'ont pas abandonné leurs proies et qui se tiennent à distance, hurlant à la mort.

— Une auto, mon capitaine.

C'est une auto en effet. Gausserès hésite. Doit-il faire ouvrir le feu ? Peut-être s'agit-il d'Européens fuyant la Nouvelle Ville pour chercher refuge auprès des légionnaires ? Comment le savoir, dans la nuit ? De toute manière, c'est trop tard. La voiture, une Volkswagen, a tourné le coin de l'avenue et file maintenant plein ouest, vers le pont *Alpha* que tient la section du lieutenant Wilhelm.

Quelques secondes plus tard, une fusillade. Elle provient de chez Wilhelm. Noir 2 rend compte. La voiture est détruite. Les occupants avaient ouvert le feu et se sont évanouis dans la nature...

— Mouvements suspects autour de ma position, ajoute Wilhelm. — Des « gus » se regroupent. Ils ont de drôles de cris de ralliement.

Un silence. Gausserès entend distinctement des explosions de grenades. Puis des rafales de fusils mitrailleurs. Il reconnaît le rythme particulier de l'AA 52.

— Rebelles en fuite, dit Noir 2. Dans la voiture, nous avons trouvé un cadavre en tenue, un PM, une fusée « Katioucha » et des documents.

— Reçu.

— Attention, les fuyards semblent se replier vers le point *Roméo.*

— Noir 4 reçu.

Noir 4, c'est le sergent-chef Lerel qui est resté sur place après le départ du capitaine. Ce dernier fouille les abords du carrefour *Sierra* à la recherche du charnier. Ce n'est pas une tâche aisée. Toutes les villas sont ceintes de haies très élevées, et les barrières sont verrouillées. Il faut à chaque fois escalader les grilles, visiter les ouvertures. Il faudrait une compagnie entière et toute la nuit pour explorer le quartier. Gausserès rend compte.

— Retournez à *Roméo,* ordonne Erulin.

La progression reprend en sens inverse, dans la nuit moite de cette odeur infecte dont il semble impossible de jamais se débarrasser. Le poste radio chuinte :

— Noir ? chuchote la voix de Lerel. — Parlez...

— Noir écoute, répond Gausserès, à mi-voix.

— Un groupe ennemi se dirige vers vous. Ils sont six. Tous armés.

D'un geste, le capitaine a immobilisé ses hommes.

— Reçu, Noir 4. Je m'en occupe.

Gausserès et Ivanov se répartissent les trottoirs du boulevard. L'équipe feu à droite, l'équipe choc à gauche. Ils attendent. Longtemps. Sans doute le groupe ennemi prend-il ses précautions. Et puis, soudain, les légionnaires se crispent sur leurs armes. Ils ont entrevu deux silhouettes claires suivies de quatre silhouettes plus foncées. Elles se déplacent sur le trottoir de gauche, dans le secteur d'Ivanov et du groupe lourd. L'adjudant les laisse approcher. A quinze mètres, il lance le signal. Toutes les armes crachent à la fois. Brièvement. Les légionnaires sont sûrs de leur tir.

Ivanov va aux résultats. Quatre hommes gisent au sol. Le groupe récupère cinq armes et un porte-documents.

— On rentre à *Roméo*, dit Gausserès.

A l'autre bout de la ville, aux lisières ouest de Kolwezi, la 2e compagnie (Rouge) de Dubos ne reste pas inactive. Dès la tombée du jour, le lieutenant Raymond a intercepté avec sa section un petit groupe de Katangais. Deux tués. Deux armes récupérées. Le troisième a réussi à s'enfuir.

Toute la nuit, le lieutenant Raymond va de poste en poste, patrouillant avec son radio, le caporal Bareda. A 5 h 30, au moment où le ciel s'illumine à l'est, le lieutenant se trouve à proximité de l'enceinte de l'hôpital. Des rafales claquent.

Bareda est touché au bras. Raymond reçoit un violent choc à la tête. Une balle a traversé le bord de son casque, ouvert l'arcade sourcilière. Deux centimètres à gauche et le lieutenant était tué net. Aveuglé par le sang, Raymond est évacué aussitôt. Son adjoint le remplace.

A l'infirmerie volante, le Père Lallemand vient voir le jeune officier :

— Voyez, dit-il, vous avez eu raison de respecter la consigne. Un casque, ça peut parfois servir...

***

Il fait jour. La huitième journée depuis le début du cauchemar à Kolwezi. Les Européens sortent dans leurs jardins, encore incrédules de pouvoir ainsi bouger sans plus rien risquer. Pour la première fois depuis le 13 mai, ils ont pu dormir. Pour de vrai.

Un vrombissement profond leur fait lever la tête. Les mêmes avions que la veille se présentent au-dessus de la ville. C'est la seconde vague de parachutistes. Ils viennent à la rescousse. Désormais, le 2e REP est au complet.

Largué à l'est de la Nouvelle Ville, en lisière du quartier « P 2 » où se sont déroulés les premiers assassinats, le capitaine Grail, commandant la 4e compagnie (Gris), a rapidement regroupé ses sections. Il a reçu ses ordres et parfaitement repéré ses objectifs.

Grail est un fonceur. Impatient de combler le retard pris sur ses camarades. Il sait que les autres compagnies n'ont pu encore parvenir dans ce quartier de Kolwezi et espère pouvoir sauver encore quelques otages.

Bernard Grail commande sa compagnie depuis un an. Il l'a reçue, avec émotion, de Coevoet, le « Grand Koudou ».

— Prends-en soin, a-t-il dit : je l'ai eue pendant trois ans...

Grail a souri. Coevoet aussi. Il savait qu'il n'avait pas de souci à se faire, sa 4 était en de bonnes mains. Grail appartenait à la même promotion que Poulet, de la 1re, celle qui portait le nom de Brunet de Sairigné.

— Mission, lui a précisé le colonel Erulin : mener une action à revers en direction du carrefour *Sierra* et du carrefour *Tango* en fouillant la partie est de la Nouvelle Ville.

Les sections s'ébranlent par l'avenue Gungu. L'une à droite investit l'ancien PC des FAZ. L'autre, les bureaux de la société Baron-Levêque. C'est elle qui découvre le charnier dont Charles Dornaker avait parlé hier soir au colonel Erulin. Ce charnier dont les photos atroces — parmi les plus visibles — vont faire le tour du monde, à la « une » des principaux magazines et révéler aux lecteurs stupéfaits, puis bouleversés, puis indignés, toute l'étendue de l'horreur de Kolwezi. Un enfant, le crâne fracassé, des hommes, des femmes entassés, déchiquetés par les balles et les éclats de grenades.

— J'ai trouvé le charnier, informe Grail. — Impossible de dénombrer les corps. Sûrement plus de quarante.

Grail a fait effort pour empêcher sa voix de trembler. Il se réfugie dans la sécheresse du compte rendu. Son infirmier regarde, impuissant, l'épouvantable gâchis de vies humaines. C'est lui qui va découvrir, sous l'entassement des cadavres, une femme qui respire encore.

C'est encore Grail qui récupérera, un peu plus tard, les deux miraculés, Jurmann et Michel, qui s'étaient cachés dans le plafond...

— Il était temps que vous arriviez, disent les deux hommes, à demi morts de soif, de faim, d'épouvante. — Nous n'aurions pas tenu une journée de plus. Nous avions décidé de sortir, au risque d'en mourir. Il fallait en finir. D'une façon ou d'une autre...

Les légionnaires sont atterrés. Eux qui se veulent impavides, que la presse à sensation présente souvent comme des aventuriers au cœur sec, professionnels sans passions, bouleversés au-delà du possible.

Le spectacle est insoutenable, révoltant. Et chaque découverte macabre provoquera ce même sentiment, cette même stupeur douloureuse.

Ils ne s'habitueront pas à l'horreur. Jusqu'au dernier jour, elle leur semblera monstrueuse.

— Dire qu'il y aura des gens pour critiquer notre intervention, grognent quelques cadres. — Ils devraient venir ici. Voir. Respirer cette odeur. Entendre les chiens hurler en s'enfuyant, les babines encore sanglantes...

— Critiquer notre action ne serait pas seulement indécent. Ce serait stupide...

Un peu avant cinq heures, au moment où les C 130 approchaient de Kolwezi, le colonel Erulin avait relancé l'action de ses compagnies :

— Vert, votre mission est de foncer au sud de Kolwezi sur la route de Kapata.

Le capitaine Poulet a répondu, puis il a jeté ses ordres d'une voix brève. Ses sections se sont mises en route aussitôt. Par une série d'actions rapides et une succession de petites manœuvres très efficaces, adaptées aux circonstances et au terrain, la 1re parvenait à accrocher de nombreux groupes de fuyards, en abattre quelques-uns et récupérer une importante quantité d'armes.

— Malheureusement, nous n'avons trouvé aucune trace de survivants européens.

Du côté de la 2, à l'ouest de l'Ancienne Ville, la progression a repris, tandis que la SER du capitaine Halbert, à peine parachutée et déjà opérationnelle, partait vers le nord, fouillait l'ancien camp de la gendarmerie et pénétrait dans la cité « Forrest ».

Là encore, les comptes rendus ont été négatifs :

— Plus aucun Européen vivant...

A la troisième compagnie a échu la conquête et la fouille de la cité « indigène » de Manika :

— Noir de Soleil. Voici votre mission : emparez-vous de la totalité de Manika pour ne pas laisser le temps aux rebelles de massacrer les otages qu'ils auraient pu emmener avec eux. D'où nécessité d'aller vite.

Gausserès opine. Il a conscience de l'importance primordiale de la rapidité d'intervention ; d'autant plus qu'il sait que la plupart des miliciens, levés par les Katangais à leur arrivée à Kolwezi samedi dernier, sont encore armés. Il est donc probable que ces miliciens se sont repliés à Manika même, à la suite du départ des rebelles, et qu'ils s'y cachent. Ce faubourg doit receler une grande quantité d'armes et de munitions.

— Si nous agissons rapidement, nous arriverons à empêcher l'organisation d'une défense cohérente.

— Noir, de Soleil : je vous signale également que des troupes belges vont être aérotransportées dans la matinée sur l'aérodrome de La Plaine. Au sud de votre objectif. Donc, vigilance : évitez la confusion...

Gausserès comprend que ses délais sont raccourcis encore : il doit tenir Manika avant l'arrivée des Belges s'il veut empêcher les rebelles de leur interdire l'accès de Kolwezi en se plaçant en bouchon sur leurs axes de progression.

— Noir 1, parlez...

Le lieutenant Bourgain n'a rien perdu de la conversation. Il répond aussitôt :

— Noir 1. J'écoute.

— Dirigez-vous vers le carrefour *Whisky*. Je progresserai moi-même avec Noir 2 le long de la voie ferrée qui longe Manika à l'est.

— Reçu.

Bourgain donne le signal de la mise en route. Il n'a pas fait cent mètres sur l'avenue Okito qu'il est sous le feu de tireurs isolés qui cherchent à retarder sa progression. Dans le labyrinthe des ruelles de la cité de Manika, qui serpentent entre le tracé originel, en damiers réguliers, prévus par les urbanistes, mais que l'imagination africaine a dédaignés, les rebelles ont la partie facile. Bourgain fait manœuvrer ses groupes, en échelons successifs, mais son avance est très ralentie par la densité et la précision des tirs, pratiquement incessants. Il sent qu'il a, devant lui, des hommes décidés à conserver le terrain. Il en rend compte à Gausserès.

De son côté, le capitaine a, lui aussi, des problèmes avec d'autres snipers. Il s'est fait « allumer » dès qu'il a débouché à découvert le long de la voie ferrée. Du nord, et de l'est de Manika, des tireurs tentent de stopper sa progression. Les balles sifflent aux oreilles des légionnaires qui avancent, bond par bond. Il faudra une bonne heure pour arriver à la hauteur du passage à niveau, situé environ à deux cent cinquante mètres de l'église protestante. Il est 7 heures.

Au passage à niveau, sa carte sur la cuisse repliée, le capitaine Gausserès fait le point. Il ne s'y retrouve pas facilement :

— Et en plus, observe un légionnaire, écœuré, le soleil est mal placé...

En effet, au sud de l'équateur, le soleil se déplace dans l'hémisphère nord...

Gausserès sourit à la réflexion. Cela ne le distrait pas de sa carte.

— Une vraie médina, cette cité, grogne-t-il.

Une rafale bien ajustée fait voler la poussière devant lui. Un prompt réflexe le jette au fossé, le nez au ras du ballast où ricochent les balles. Gausserès grimace. Les « Katangais » tirent bien. Il va faloir marquer un temps d'arrêt pour manœuvrer.

— Bon sang, se dit le capitaine : comment vais-je faire pour aborder cette lisière à laquelle ces salopards ont l'air de tenir autant ?

Les toits des baraques de tôle affleurent le faîte des murets qui les entourent. Des manguiers, des acacias, des jacarandas permettent aux snipers de se dissimuler pour ajuster leurs tirs. Pour rejoindre Bourgain au point *Whisky,* la progression ne va pas être facile.

Un seul bâtiment domine cette lisière et peut permettre d'y voir plus clair. C'est l'église protestante que Gausserès prend aussitôt dans le champ de ses jumelles.

— OK, conclut-il : voici un excellent observatoire. J'y vais.

Il va se lever. Une exclamation le stoppe. C'est l'adjudant Hessler qui l'a poussée. Il désigne un point, dans le sud :

— Mon capitaine, qu'est-ce que c'est que ces rombiers ?

Ces « rombiers » comme dit Hessler, ce sont des soldats en tenue sombre. Ils sont coiffés de bérets amarante.

— Merde, s'exclame Gausserès. Voilà les Belges !

Il leur fait signe. Un lieutenant s'approche. Le capitaine essaie de se faire expliquer le but et le sens de la manœuvre qu'ils exécutent. En vain. Le Belge reste évasif.

— Quel est le nom de votre commandant de compagnie ? demande-t-il, à tout hasard, pour meubler la conversation jusqu'ici stérile.

Le lieutenant rougit (Gausserès se demande pourquoi) et répond :

— Le capitaine De Wulf, mon capitaine.

— Ah ! Mais je le connais très bien. J'étais avec lui à l'Ecole des troupes aéroportées de Pau-Astra, en stage de capitaine para l'an passé. Pouvez-vous lui demander de venir jusqu'ici ?

De Wulf arrive peu après, le visage fendu par un sourire réjoui. Les deux officiers tombent dans les bras l'un de l'autre. La fraternité d'arme est plus forte que les palinodies gouvernementales ou les rivalités d'Etats. Belge ou pas Belge, un copain est d'abord un copain.

Penchés sur leurs cartes, les deux officiers s'expliquent mutuellement leurs objectifs et leurs missions. En fait, les Belges doivent effectuer en sens inverse le chemin parcouru par la 3e compagnie, en remontant vers la ville européenne.

— J'ai pour tâche de rassembler tous les Européens qui restent au centre de Kolwezi, explique De Wulf. Puis, par la route, je dois les évacuer sur l'aéroport dans les délais les plus courts.

Gausserès comprend mieux : De Wulf lui a dit qu'il avait pour consigne de ne s'occuper ni de Manika ni surtout des rebelles... A son tour, il expose sa mission. Puis, montrant l'église :

— Tu vois ce clocher ?

— Vu l'église.

— Je vais essayer d'y aller. Je tâcherai de repérer les gars qui nous emmerdent.

— Bonne chance, dit De Wulf en s'éloignant à grandes enjambées, sa compagnie sur les talons en direction de Kolwezi.

— Banal, Hessler ! A moi !

Banal, le lieutenant adjoint, et l'adjudant-chef s'approchent.

— Par bonds, direction l'église, ordonne le capitaine. Moi, je fonce à gauche. Vous, partez en tête par la droite.

En quelques minutes, la section de commandement investit le jardin qui entoure l'église et se poste en protection.

— Hessler, montez sur le toit. Observez Manika. Essayez d'apercevoir le carrefour *Whisky* où Bourgain accroche encore.

L'adjudant-chef se fait donner une échelle par le pasteur, un Zaïrois survenu fort à propos, l'œil suspicieux, pour surveiller « son » bien. Vittone, l'ordonnance du capitaine, la met en place et l'assure, pendant que l'adjudant-chef commence à en gravir les barreaux. Au moment où Hessler arrive aux tout derniers échelons, et va prendre appui sur le rebord du toit pour se hisser, il entend un commandement à une centaine de mètres.

— Feu ! Feu !

Des rafales claquent. Les impacts écaillent les murs, encadrant Hessler et Vittone. Des éclats de brique et de ciment leur cinglent le visage.

Gausserès n'a pas mis longtemps pour comprendre qu'ils étaient pris à partie par des Belges. Il se dresse et hurle :

— Halte au feu, bande de cons ! Vous ne voyez pas que ce sont mes hommes !

Et il frappe sur son casque pour appuyer son affirmation. Car tout le monde sait — sauf apparemment les Belges — que les Katangais ne portent pas de casque. Les tirs ne cessent pas pour autant.

— Ils sont vraiment « belges » comme leurs pieds, commente méchamment un légionnaire, avec l'accent du Midi.

— Oublie pas que t'es belge, lui renvoie un copain.

— Ouais, mais, moi, je suis un Belge de Toulouse...

Hessler a sauté de l'échelle sans demander son reste. Il est furieux et hurle, d'une belle voix d'adjudant de compagnie :

— Ici, paras français. Vous me tirez dessus ! Je suis dans l'église protestante !

Sa voix a porté. Une autre voix lui répond, un peu embarrassée :

— OK. Je fais cesser le feu.

Gausserès soupire. Exaspéré. Il lève les bras au ciel. D'un côté les rebelles de Manika. De l'autre les sujets du roi Baudouin. Quelle journée !

La progression de la 3 a repris. Les légionnaires avancent en zigzags, par bonds. Ils se jettent dans les encoignures des portes, se planquent derrière le tronc des arbres. En tête le lieutenant Banal et l'adjudant-chef Hessler donnent l'exemple. Et pourtant, en dépit de toute leur efficacité et de la rapidité de leurs réflexes, ils n'arriveront à réaliser la liaison avec la section du lieutenant Bourgain qu'à 9 heures.

— Un joli record. Deux heures pour parcourir neuf cents mètres !

Ça tire encore au point *Whisky*. Les corps des rebelles abattus jonchent le sol aux abords du carrefour. Des morts à mettre au compte des tireurs d'élite de la 1re section qui, avec leur fusil à lunette, font mouche à trois cents mètres. Ce sera, durant toute l'opération, l'un des facteurs essentiels du succès. Si la 3 n'a eu à déplorer aucune perte en 24 heures de combat de rues, c'est aux tireurs d'élite qu'elle le doit. A cette distance, les rebelles ne peuvent pas se mesurer aux légionnaires. Et ceux qui l'ont essayé ont récolté une balle dans la tête.

Quelques heures plus tôt, au moment où le colonel Erulin donnait à ses compagnies l'ordre de contrôler l'ensemble de l'agglomération de Kolwezi, les avions de transport C 130 de l'US Air Force commençaient à débarquer sur l'aérodrome de La Plaine des troupes belges, acheminées la veille à Kamina.

Les responsables belges avaient bien précisé au colonel Gras, qui avait, lui aussi, atterri avec son PC volant sur la piste de Kolwezi, que leur mission consistait uniquement à procéder à l'évacuation des Européens.

— La durée maximum de notre intervention, précisaient-ils sèchement, ne doit pas excéder le temps de septante-deux heures.

Gras a haussé les épaules. D'un ton sec, il a fait observer qu'une évacuation précipitée ne se justifiait plus, puisque le contrôle de Kolwezi par les légionnaires du 2e REP était total.

— Il est fort peu probable que les troupes katangaises envisagent une contre-attaque.

Visage fermé, front buté, les Belges refusaient de discuter et s'en tenaient fermement aux ordres reçus. Très vite, la courtoisie initiale des rapports s'altérait gravement. De part et d'autre, la nervosité des propos et des gestes allait croissant. Gras ne mâchait pas ses mots :

— Evacuer Kolwezi est une monstruosité !

Il pensait intimement que le gouvernement de Bruxelles avait fait une mauvaise analyse de la situation, et avait abouti à deux erreurs : la première, d'ignorer systématiquement pendant cinq jours la réalité du danger qui pesait sur les Européens avant le début de l'agression katangaise ; la seconde, de le surestimer maintenant qu'il s'était éloigné.

Le colonel Gras s'était apaisé. Se quereller ne servait à rien. Les officiers des paras-commandos belges n'étaient pas responsables. Ils exécutaient scrupuleusement des ordres, sans même avoir la possibilité d'en demander les modifications. Bruxelles avait mis sur pied une opération de « type Stanleyville ». Ils menaient une opération de « type Stanleyville ».

— Demain, constatait le colonel Gras avec tristesse, nous n'aurons plus à protéger qu'une ville morte, livrée au pillage. Les gens auront perdu tous leurs biens, alors qu'une évacuation rationnelle, qui sauvegarderait les biens des Européens, pourrait être organisée avec un certain délai, dans l'ordre et pas dans cette précipitation qui ne va susciter qu'une nouvelle panique.

Il pensait, amer, qu'en dépit de leur échec militaire, les Katangais avaient au moins gagné sur un point : l'arrêt total de la production de la Gécamines. En l'absence des cadres, des techniciens, des contremaîtres européens, qui serait capable de les remettre en route ?

— Essayez au moins d'allonger de vingt-quatre ou de trente-six heures l'échelonnement de l'évacuation, tentait-il de plaider.

— Impossible. On nous a spécifié : septante-deux heures.

— Alors, dit Yves Gras, d'un ton las : c'est sans espoir. La catastrophe sera complète.

Le colonel Gras se battait, pied à pied. Il invoquait le pire, espérant qu'il serait évité. Il n'aurait pu penser que ce qu'il évoquait, avec les mots de la passion, allait se passer exactement comme il l'avait décrit. En évacuant la population dans l'affolement, les Belges allaient ajouter aux horreurs des massacres le traumatisme des exodes et le drame du dénuement. Ils en porteraient l'entière responsabilité.

Sur une piste, un groupe de para-commandos belges se hâte vers la ville, sans un regard pour les légionnaires de la 2e compagnie qui ratissent, en pointe, essuyant des coups de feu venus des bosquets à l'ouest de l'hôpital. Soudain, l'adjudant Armand Schyns pousse une brève exclamation. Parmi les officiers qui passent, il a reconnu son ancien patron. Schyns a douze ans de Légion. C'est un « vrai » Belge. Jadis, avec les paras-commandos, il a participé à la fameuse opération de Stanleyville de décembre 1964, où dans des conditions périlleuses, ils ont sauvé la vie de centaines d'otages détenus par les rebelles Simbas de Pierre Mulele. Il a encore dans les oreilles

les acclamations que leur avaient réservées la population de Bruxelles à leur retour.

— Vous ne vous souvenez sans doute pas de moi ? demande Schyns, goguenard.

L'officier fronce le sourcil, cherche dans ses souvenirs. Schyns rigole et lance :

— Vous m'avez pourtant assez emmerdé avec votre drill à la con !

A mi-voix, un légionnaire ajoute, sous cape :

— Pour ce que ça leur sert...

L'officier s'est arrêté :

— A quelle compagnie étiez-vous ?

— A la 15e...

L'officier s'éloigne, tandis qu'un légionnaire siffle entre ses dents le fameux passage du *Boudin* : « Pour les Belges, y en a plus. Pour les Belges y en a plus. Ce sont des tireurs au c... »

— Ta gueule ! crie Schyns qui ne rigole plus et s'éloigne, en jetant d'un geste sec son arme sur l'épaule.

Les détails de l'ordre d'évacuation donnés aux para-commandos ont été connus au PC du 2e REP à 8 heures.

— Le point de regroupement des Européens est fixé ici même, au lycée Jean-XXIII, dit le colonel Erulin au capitaine Legrand. Prenez ces gens en charge avec l'aide de quelques légionnaires du PC.

Legrand s'exécute. La nouvelle de l'évacuation s'est propagée dans la ville à la vitesse d'un incendie.

— Si l'armée donne l'ordre d'évacuer, en déduisent les Européens, c'est que les Katangais vont revenir. Il faut faire vite. Peut-être les avions ne nous attendront-ils pas ?

Le mot « évacuation » et sa puissance évocatrice ont achevé de semer la panique dans la population.

Les gens arrivent à présent en rangs serrés aux portes du lycée Jean-XXIII où le capitaine Legrand a installé à la hâte un semblant de bureau pour organiser les groupes, procéder au premier tri des nationalités, recenser les noms, le nombre des personnes composant les familles. Il imagine déjà que les Belges vont répartir les Européens en fonction de leur future destination géographique.

Au bout de quelques heures, se posent les vrais problèmes,

c'est-à-dire l'intendance. Il faut trouver au plus vite des vivres, des médicaments et de l'eau. De l'eau surtout. Mais l'eau a été coupée depuis samedi soir et, pour subsister, les habitants ont été obligés de faire bouillir celle de leurs piscines. Tant pis, on continuera.

Vers midi, le premier officier de para-commandos se présente au PC. C'est un major. Il est seul. La population, qui a mal apprécié les tergiversations du gouvernement de Bruxelles au cours de cette semaine tragique, lui réserve un accueil glacial.

— Qui évacuez-vous ? s'informe Legrand.

La réponse arrive, sèche :

— Tout le monde.

Legrand ne fait aucun commentaire. Mais sa réaction profonde rejoint celle du colonel Gras. A quoi sert désormais le 2e régiment étranger de parachutistes s'il n'y a plus personne à protéger, à défendre ?

Il n'est pas seul à penser cela. Ce sera d'ailleurs l'argumentation des politiciens d'opposition qui se serviront de ce prétexte pour se « refaire une virginité » après s'être imprudemment avancés en condamnant trop tôt l'intervention française.

Mais Legrand n'est pas homme à douter longtemps. Il est là pour exécuter les ordres du patron[1].

***

A l'aube de ce samedi, les avions qui larguaient la seconde vague de parachutistes avaient attiré les Faverjon dans leur « parcelle ». Cette fois, plus de doute, ils étaient en sécurité.

---

1. Au même moment le colonel Erulin faisait le bilan provisoire de cette opération « Léopard » :

— pertes amies : 1 tué. 12 disparus. 11 blessés ;

— pertes ennemies dénombrées : 200 tués. Plus de 1 000 armes récupérées, dont de nombreuses armes lourdes (mortiers, canons sans recul, mitrailleuses russes, allemandes et chinoises). Un tonnage important de munitions saisi. 2 automitrailleuses détruites.

Certes, la population civile avait douloureusement été éprouvée : le samedi, on n'avait découvert encore qu'une partie des Européens massacrés ; une soixantaine à peu près. Il y en aurait d'autres. Des maisons, des magasins avaient été pillés. Mais le danger était écarté, et plus rien ne justifiait cette panique artificiellement créée.

La vie allait pouvoir reprendre, le temps de rétablir un semblant d'ordre dans Kolwezi.

Et puis, alors qu'ils ouvraient le portail du jardin, ils avaient vu passer quelques Européens qui revenaient du lycée Jean-XXIII après avoir bu le café avec les légionnaires :

— On se regroupe tous là-bas !

Maurice et Maryse Faverjon s'étaient enhardis jusqu'à frapper à la porte de leur voisin, M. Gosnart, un Alsacien auquel, jusque-là, ils n'avaient pas osé adresser la parole.

— Que devons-nous faire ?

— Je viens de poser cette question à des légionnaires-parachutistes. Ils m'ont conseillé de prendre des vivres pour deux jours et de rallier le lycée Jean-XXIII où la Légion assurera une meilleure protection. Prévenez vos amis...

C'était judicieux, pensaient les Faverjon. Il était 7 heures du matin. Les légionnaires n'avaient pas encore eu connaissance d'évacuation et, du reste, personne parmi leurs amis n'avait parlé de s'en aller.

Maryse confectionnait rapidement le panier de vivres. Il lui tardait un peu de retrouver des amis dont elle était sans nouvelles depuis une semaine. Savoir, se rassurer, peut-être se consoler...

Il était maintenant 9 heures. Porte verrouillée, les Faverjon laissaient leur villa. Son panier sous le bras, Maryse attendait son mari, encore à l'intérieur de la parcelle. Elle avait traversé la rue et, dernier geste pieux, elle avait recouvert le corps de son voisin Aurélius Istratte avec un grand morceau de moquette. C'était un geste sans utilité pratique, elle le savait bien, mais elle avait le sentiment qu'il lui fallait l'accomplir. Une attention émouvante, en tout cas, en ces temps où la vie était sans valeur.

Une jeep remontait l'avenue. A son bord, des soldats coiffés du béret rouge. Des para-commandos belges :

— Alleye, alleye, montez ! On évacue la ville, savez-vous ?

Maryse était restée sans voix. Pratique, Maurice avait répliqué :

— Bon. Mais laissez-nous au moins préparer une valise.

Deux paras étaient descendus. Ils embarquaient presque de force Maryse qui protestait. Maurice avait tout juste le temps de sauter en voltige dans la voiture...

A l'autre bout de la ville, les Jagodinski réapprenaient à vivre dehors. Angeline avait commencé le nettoyage de la maison, toutes fenêtres ouvertes.

— Madame, lui avait appris son boy, viens vite, viens vite. On emmène tous les Européens...

Henry avait été surpris. Puis il était sorti, voulant en avoir le cœur net. Devant la porte passaient des bérets rouges.

— Venez ! On évacue la ville.

— Attendez, j'ai ma femme et mes gosses...

Coup d'œil du gradé belge vers Angeline. La couleur noire de sa peau semblait lui poser un problème. Il avait fait un signe de dénégation :

— Désolé, nous avons l'ordre de n'embarquer que les Européens...

Henry avait pâli. Puis, d'un ton sec :

— En ce cas, je refuse de m'en aller.

Les voisins s'en étaient mêlés. Quelques mots aigres-doux avaient été lancé à l'adresse des paras-commandos qui, simples exécutants, se bornaient à appliquer strictement les ordres reçus.

— Vous êtes de beaux salauds ! lançait Angeline qui avait son franc-parler.

Finalement, les Belges consentaient à emmener *aussi* Angeline et les trois garçons. Mais, à l'aéroport, la même sentence tombait, plus précise encore :

— Nous ne chargeons pas les Noirs.

Finalement, dans la journée, Henry et Angeline Jagodinski étaient pris en charge par la Légion qui leur trouvait une place dans un Boeing 707 [1].

A Kinshasa, la ségrégation était plus subtile encore : les sujets de Sa Majesté le roi Baudouin étaient nantis de cartes d'embarquement vertes qui leur donnaient priorité. Les Français devaient attendre. L'un d'eux avait trouvé une place libre :

— Où voulez-vous aller ? lui demandait l'hôtesse.

Haussement d'épaules. L'homme avait tout laissé à Kolwezi.

1. A son arrivée en France, comme nombre de personnels et de cadres de la Gécamines, Henry Jagodinski apprendra qu'il est considéré par sa société comme étant « en rupture volontaire de contrat » et qu'il n'a droit à aucune indemnité.

— M'en fiche. A Paris ou à Bruxelles...
— Mais ? De quelle nationalité êtes-vous ?
— Française. Pourquoi ?
— Française ? Alors, descendez.

Dès l'aube, ce samedi matin, le médecin du REP, Jean-Noël Ferret, était allé à l'hôpital de la Gécamines afin de se rendre compte par lui-même des dégats causés par les Katangais. Il constata que la moitié de l'hôpital était inutilisable mais, à la clinique qui était à proximité, il trouva une dizaine de médecins européens en train d'établir des listes de médicaments afin de réapprovisionner leur pharmacie.

— N'avez-vous pas l'intention de partir ? demande Ferret à l'un d'eux.

— Pas pour le moment, répond-il. Nous avons ici des malades à soigner. Je pense que nous sommes plus utiles ici qu'à Lubumbashi ou Kinshasa.

Ferret était heureux de constater que, dans l'horreur des journées qui avaient précédé, le corps médical avait assumé ses responsabilités avec un courage qui lui faisait honneur. Les récits que les médecins lui faisaient des événements prouvaient, s'il en était encore besoin, que la tuerie n'avait pas été provoquée par l'arrivée des parachutistes français, mais avait commencé dès le 13 mai, où des semblants de tribunaux populaires s'étaient livrés à une parodie de justice.

— Les « Tigres », dit l'un des médecins, avaient amené leurs blessés à l'hôpital. Nous en avons opéré. La veille de votre arrivée, ils sont venus les chercher. Ils ne voulaient pas les laisser derrière eux. Certains étaient intransportables. Nous le leur avons signalé. Ils n'ont rien voulu entendre. Ils les ont achevés derrière l'hôpital.

Ferret revient à l'Impala où il a installé son infirmerie dans le bar. Lorsque, dans le courant de l'après-midi, il se rend à l'aéroport pour demander des médicaments à l'antenne chirurgicale belge, il est surpris de rencontrer quelques-uns des médecins européens avec lesquels il s'était entretenu à l'hôpital quelques heures plus tôt.
— Comment ? s'étonne-t-il. Vous partez ?
— Nous en avons reçu l'ordre.
— Et vos malades ?

— Nous les emmenons également avec nous, à Lubumbashi.

Le lundi, il ne restait à Kolwezi que le médecin du REP et deux médecins noirs généralistes. L'antenne belge était, elle aussi, repartie[1]. Débordé, Ferret demandait l'autorisation de faire venir son adjoint de Calvi. Le médecin-capitaine Morcillo bondissait dans le premier avion.

---

1. Le caporal Jean Prudence blessé le samedi 20 mai 1978 à Métal-Shaba (plaie thoracique avec pneumothorax et plaie d'un rein) sera opéré à l'hôpital de Kolwezi par un chirurgien indien, assisté d'un chirurgien noir et d'un anesthésiste français.

II

METAL-SHABA

15 h 30.

Depuis le matin, des combats sporadiques se déroulent dans et autour de la ville conquise. Des centaines d'armes, des dizaines de mines ont été trouvées près des rebelles abattus, ou dans des caches. Armes lourdes, mitrailleuses, mortiers, Kalachnikof, armes individuelles de toutes provenances, s'amoncellent au PC du 2e REP que le colonel Erulin a finalement déménagé du lycée Jean-XXIII envahi de réfugiés, pour le transporter à l'hôtel Impala, sous une tente faite d'un parachute.

Non loin de là, le lieutenant-colonel Bénézit dicte ses ordres à la 4e compagnie :

— Gris de Mouette : reconnaissez la gare de Métal-Shaba, à trois kilomètres au nord-ouest, puis la cité de Métal-Shaba elle-même. Itinéraire, la voie ferrée que vous prendrez comme « main courante ». Bien compris ?

Le capitaine Grail appuie sur la pédale du combiné :

— Gris, reçu.

C'est la troisième section, celle du sergent-chef Cas (Gris 3) qui ouvre la marche. Elle arrive à proximité de la gare, puis l'occupe sans coup férir.

— Gris 2 dépassez 3 et commencez la fouille de la cité, ordonne Grail.

Gris 2, c'est le lieutenant Dary. Il accélère le mouvement et se porte en tête à son tour.

Du poste d'observation qu'il a trouvé dans la gare, le sergent-chef Cas fouille le paysage de ses jumelles. Au nord de la cité, il suit la ligne de chemin de fer, puis la route. Elles se rejoignent presque en bordure du village indigène, avant un virage qui les masque à sa vue [1].

Brusquement, Cas se demande s'il n'a pas des lubies : droit devant lui, sur la route, à un peu plus de deux cents mètres il voit une centaine d'hommes en uniforme, rassemblés comme à l'exercice.

— Gris de 3 ?

— 3 de Gris, j'écoute.

— Je vois une centaine d'hommes en uniforme rassemblés sur la route. A deux cents mètres devant moi. Est-ce que je tire ?

— Négatif. Essayer de les identifier. Ce sont peut-être des paras zaïrois.

Le sergent-chef Cas reprend ses jumelles.

De son côté, la deuxième section aborde la hauteur qui domine la cité au nord-est, face à la route. Quelques minutes passent.

— Gris de 3 ?

— 3 de Gris.

— J'ai l'impression qu'ils m'ont repéré et qu'ils essaient de m'encercler.

Grail s'apprête à répondre. Il n'en a pas le temps. Le fracas d'un violent accrochage l'interrompt.

— Gris de 3 ! crie le sergent-chef pour dominer le bruit, j'ai été obligé de riposter. C'est eux qui ont commencé à tirer.

Cette fois, l'identification est bien faite, il s'agit de rebelles. Grail n'est pas content, dire que cinq minutes plus tôt ils étaient insouciants de la menace qui pesait sur eux et que s'il n'avait pas empêché son chef de section d'ouvrir le feu, il aurait fait un carton admirable... Quel dommage !

Tout va très vite. De sa position élevée, la deuxième section peut appuyer efficacement la troisième. Un tireur d'élite neutralise à lui seul une mitrailleuse ennemie, mettant hors de combat chaque rebelle qui tente de s'en approcher pour la

---

1. Voir carte, p. 202.

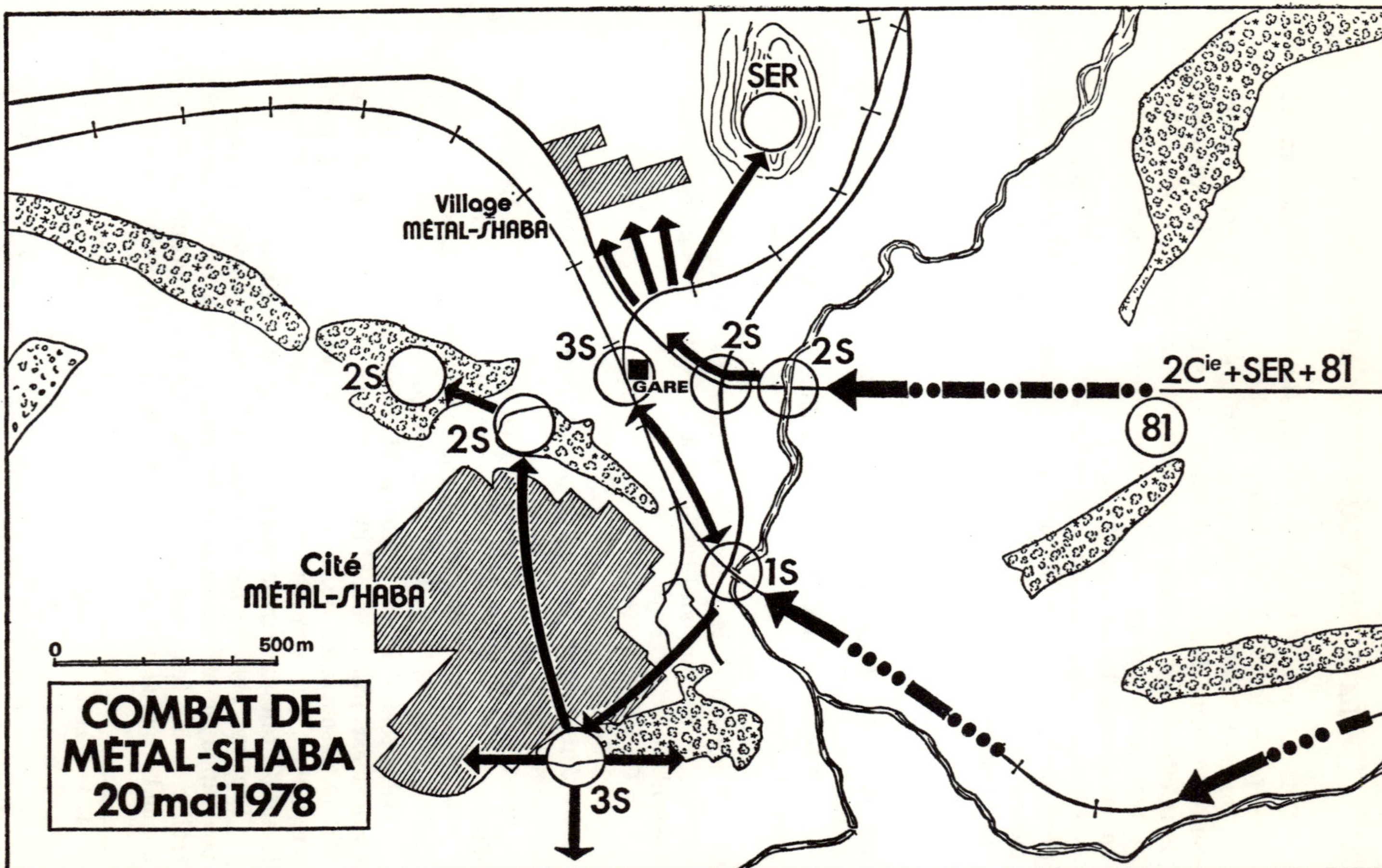

Combat de Métal-Shaba (voir page 210).

servir. Un tireur au fusil mitrailleur est touché à la cuisse, son chef d'équipe s'empare aussitôt de son arme et poursuit les tirs dévastateurs avec la même densité et la même précision. Mais les rebelles réagissent. Des mitrailleuses arrosent les positions tenues par les légionnaires. Le sergent-chef Daniel est atteint. Il meurt presque aussitôt. Le capitaine Grail donne à sa troisième section l'ordre de décrocher de sa position qu'il estime trop aventurée. La manœuvre est délicate mais s'effectue sous la couverture de la deuxième section. Le caporal Prudence est grièvement blessé. Décidément, le morceau semble bien gros au commandant de la 4e compagnie. Il rend compte au PC. Le colonel Erulin lui annonce aussitôt des renforts.

Puis il appelle la 2e compagnie du capitaine Dubos, celle qui doit intervenir le plus rapidement possible :

— Rouge, de Soleil : regroupement immédiat avec vos véhicules au PC, à l'hôtel Impala.

— Reçu. J'arrive, répond Rouge.

Le colonel fait appeler le capitaine Coevoet et lui dit :

— Prenez l'opération à votre compte.

« Le grand Koudou » est déjà installé sur son PC roulant, une camionnette 404 débâchée conduite par un Européen de Kolwezi qui n'a pas envie de se laisser évacuer. Le caporal Cury occupe la place du passager, et tient le rôle de chef de bord. Coevoet et son radio, pour leur part, se sont installés dans la caisse, debout, cartes et postes radio posés sur le toit de la cabine.

L'ordre de regroupement n'a pas été donné depuis un quart d'heure qu'un nuage de poussière, au sud-est, annonce l'arrivée de la 2e compagnie. Derrière la camionnette qui sert de véhicule de liaison à Dubos, hérissée d'antennes, quatre énormes Magirus, orange, récupérés au garage de la Gécamines transportent les légionnaires armés jusqu'aux dents. En queue, un camion-citerne prouve que l'adjudant de compagnie, Schyns, est un homme prévoyant qui ne craint pas d'employer les grands moyens.

Coevoet ne peut réprimer un sourire :

— Drôle de convoi. Mais qui ne manque pas d'allure. Sacré « Bobosse » !

Au volant des Magirus de 30 tonnes, les légionnaires ne paraissent ni dépaysés ni mécontents. Ces monstres les changent agréablement de leurs vieux GMC rapetassés datant de la Seconde Guerre mondiale. Ils arborent des sourires de conquérants.

En tête cependant, un civil tient le volant. Un colosse d'environ quarante-cinq ans, Hollandais au teint de brique, à la placidité de marbre. Les légionnaires l'ont découvert à l'hôpital. Mécanicien à la Gécamines, il s'est offert à remettre ses camions en ordre de marche et a voulu accompagner la 2e compagnie.

Son seul défaut, il ne parle pas un seul mot de français. Et, comme, à maintes reprises, les légionnaires lui ont entendu lâcher de sonores *God verdommt !*, ils l'ont baptisé aussitôt Godverdomme.

— Eh ! Godverdomme, crient-ils : tu viens faire la guerre avec nous ?

— *Ja, ja,* répond-t-il avec un sourire béat.

Pour l'heure, « Godverdomme » appuie sur l'accélérateur. Coevoet et Dubos lui ont confié la mission de les guider au plus court vers Métal-Shaba d'où arrivent toujours les bruits des combats. Godverdomme met un point d'honneur à donner satisfaction aux deux officiers. En moins d'une demi-heure, ils les amène à destination et au plus près de l'accrochage.

— Ce gars-là, dira plus tard l'adjudant Schyns, il aurait bien mérité une banane.

Dans le premier camion, il y a aussi l'adjoint de Dubos, le lieutenant Bon, 1,92 m, 90 kilos. Dès l'objectif en vue, il fait arrêter la colonne. Coevoet donne l'ordre de débarquer et monte la manœuvre :

— La SER et la section de mortiers se porteront sur la crête qui domine le village. Dubos, avec la 2, apprêtez-vous à donner l'assaut des positions rebelles.

Dubos répercute les ordres, fait prendre à ses sections leurs positions de départ, au milieu des herbes à éléphants.

— Progressez en essayant de ne pas vous faire repérer !

Sans attendre, la section d'éclairage et de reconnaissance (SER) du capitaine Halbert escalade en souplesse la crête tenue par les Katangais, regroupés autour d'une mitrailleuse. Face aux « super-paras », les rebelles ne font pas le poids. Ils sont bousculés et doivent se replier précipitamment.

— Objectif atteint, lance Halbert, dans son poste.

Il tient une bonne position. De là, sa section va pouvoir tenir sous ses feux les Katangais qui tenteraient de se replier par la route. De plus, elle domine maintenant la plus grande partie du secteur.

En dessous, protégée par la contre-pente, la section de mortiers installe ses pièces. Le lieutenant Verna qui la commande a reçu mission de régler ses tubes sur les positions rebelles en lisière de village.

Verna n'est pas un novice et ses légionnaires réagissent comme un seul homme. En un minimum de temps, ils sont prêts. Quatre coups de réglage suffisent à Verna pour passer au tir d'efficacité. Une sorte d'exploit.

Les coups au but sont spectaculaires. Les hommes désarticulés et les débris d'armes sautent en l'air.

Pendant ce temps, Dubos a fait avancer ses sections en limite de sécurité, à la lisière du tapis de hautes herbes.

— Rouge de Mouette-Alpha, annonce Coevoet, tir levé. Allez-y !

— Rouge, reçu, répond « Bobosse » qui tremble un peu.

Il fait signe à ses chefs de section, le lieutenant Raymond, les sergents-chefs Milésie et Aoustet :

— En avant ! hurle-t-il en se dressant et en fonçant, droit devant lui.

D'un seul bond, les légionnaires de la 2 s'élancent et franchissent en quelques secondes les cinquante mètres qui les séparaient des positions ennemies. Ils font feu de toutes leurs armes à la fois.

Les buissons, les bananiers et les clôtures de jardinets sont dépassés tour à tour. L'assaut ne s'arrête que dans le village où les hommes se précipitent.

De la crête nord, les tireurs d'élite de la SER opèrent sans arrêt. Ils neutralisent une 12,7 en arrière des positions ennemies puis, sans désemparer, fauchent les rebelles qui s'enfuient vers le nord.

Coevoet a demandé au commandant Amice et au capitaine Thomas de diriger un Mirage V pour intercepter lui aussi les fuyards. Guidé par une Alouette III, le Mirage fait une passe sur l'ennemi. Mais dès la première rafale ses canons s'enrayent. Décidément, à Kolwezi, le REP n'aura pu compter que sur lui-même.

Les Katangais n'ont pourtant pas dit leur dernier mot.

La SER annonce brusquement par radio que trois véhicules, venant du nord — de la direction de l'usine Métal Kat — se dirigent vers elle. Halbert les laisse approcher et ouvre le feu. Les Katangais abandonnent aussitôt leurs voitures en flammes et se dispersent dans les hautes herbes. Les hommes de la SER les pourchassent au fusil mitrailleur, tandis que la section de 81 règle en toute hâte un tir de mortier sur cette zone.

Quand le silence retombe sur Métal-Shaba et que les légionnaires-parachutistes peuvent établir un bilan, ils constatent que les rebelles ont perdu une soixantaine d'hommes.

A l'autre bout du village, sur la lisière ouest, les légionnaires découvrent également des sacs, des vivres, des équipements, des munitions et de nombreux emplacements individuels. Il y avait du monde, à Métal-Shaba, au moins une compagnie.

C'est ce que confirme, un moment plus tard, un pasteur belge qui arrive, hors d'haleine, au PC de Coevoet.

— Ils étaient au moins deux cents, ces maudits « Tigres », dit-il.

Lui-même est resté caché dans sa chambre et a eu la chance de ne pas être découvert. Il a même eu plus de chance encore, un obus de 81 est tombé dans sa cuisine !

— Cela ne fait rien, alleye, alleye. Je suis bien content de vous voir, savez-vous.

A Dubos, qui l'interroge sur l'arrivée et l'attitude des rebelles au milieu desquels il a vécu durant quelques jours, le pasteur répond, avec un accent bruxellois inimitable :

— Ça est pas mon affaire, mais ça était une belle connerie, une fois !

La « connerie » n'était pas tout à fait terminée encore. Coevoet installe les compagnies sur place pour passer la nuit, monter des embuscades et interdire les voies d'accès à Métal-Shaba.

A 18 heures entre chien et loup, la section du sergent-chef Aoustet à cheval sur la route, face à l'ouest, entend un bruit de moteur. Ses hommes bien postés aperçoivent une voiture, tous feux éteints, qui approche de Métal-Shaba. Des canons d'armes sortant par les portières ne laissent aucun doute sur les occupants. Une grenade antichar bien ajustée explose sur la voiture, relayée par une AA 52 qui aligne les rebelles cherchant à s'enfuir. Quatre « Tigres » sont abattus. Quatre fusils allemands sont récupérés ainsi que deux lance-roquettes antichars soviétiques. Pendant une demi-heure, les munitions enfermées dans le coffre de la voiture explosent sous l'effet de la chaleur du véhicule en flammes, offrant aux légionnaires un feu d'artifice gratuit.

La nuit est entièrement tombée sur Kolwezi. Pour la première fois depuis leur départ de Calvi, les hommes du 2e REP vont bénéficier d'une nuit à peu près calme.

A l'exception de ceux qui veillent pour assurer la sécurité, ils s'écroulent tous sous le poids de la fatigue.

DERNIERS JOURS

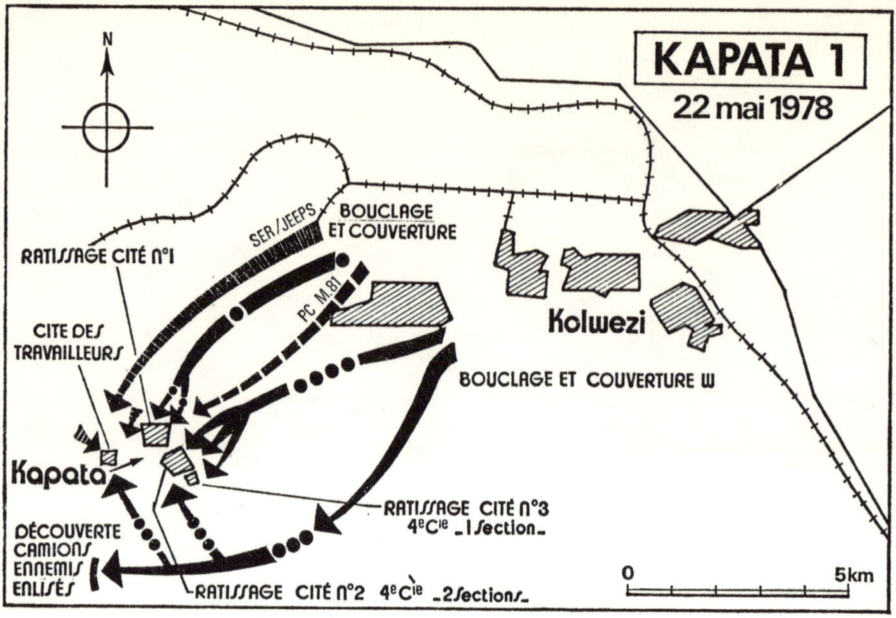

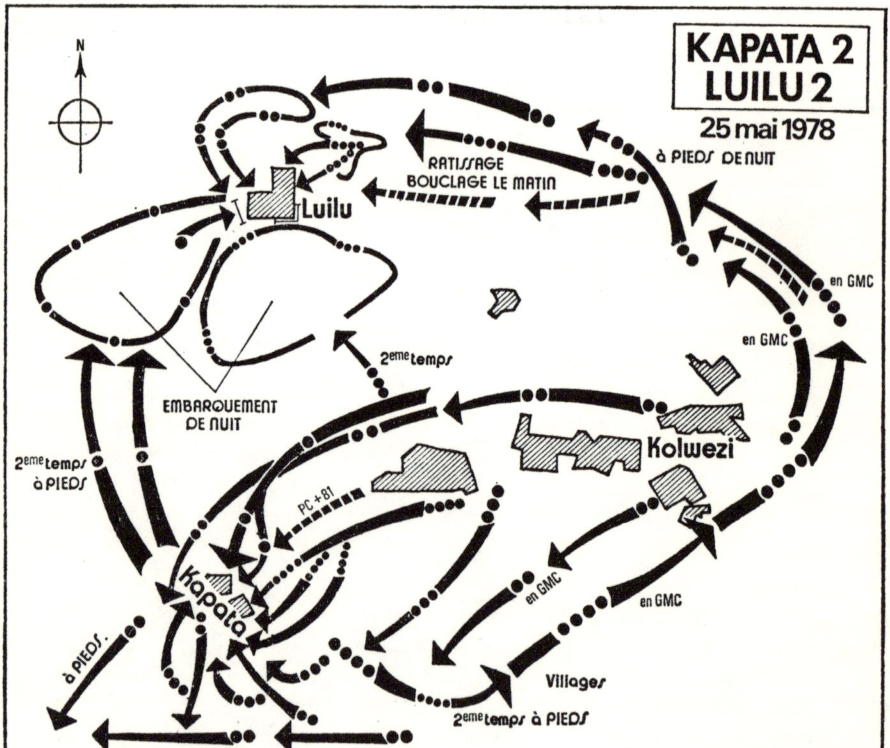

• ▬▬▬	**1re compagnie.**
▬ • • ▬▬▬	**2e compagnie.**
▬ • • • ▬▬▬	**3e compagnie.**
▬ • • • • ▬▬	**4e compagnie.**
///////////////	**S.E.R. section d'éclairage et de reconnaissance.**
▬ ▬ ▬ ▬ ▬	**Eléments de commandement et d'appui.**

I

KOLWEZI

Dimanche 21 mai.

L'ambassadeur de France André Ross et son épouse débarquent à Kolwezi. Ils sont accueillis par le colonel Gras et par le colonel Erulin.

Le colonel Gras a le visage marqué par les aléas de sa semaine la plus longue. Mais il est moins tendu, moins nerveux. Il est soulagé. Il accompagne André Ross et le commandant du 2e REP sur les lieux des massacres. L'ambassadeur de France se tait, impressionné par l'ampleur de la tragédie, difficilement imaginable à travers des comptes rendus, des télégrammes, de simples mots. Mais il prend des notes. Beaucoup de notes. L'ambassadeur est un homme précis.

Il s'en servira pour rédiger un mémorandum à l'adresse du gouvernement français. Un texte sans passion, sans parti pris qui, par son objectivité presque administrative, justifiera mieux qu'une argumentation stérile la cause et l'urgence de l'intervention militaire.

A son intention, le colonel Erulin et le colonel Gras dressent le bilan et font un bref résumé de cette « opération Léopard ».

De temps à autre, la ville résonne de quelques rafales assourdies par la distance, de quelques détonations sourdes.

Ces bruits rappellent à qui aurait tendance à l'oublier, que, même ténu, le danger subsiste encore.

Un peu plus tard dans la soirée, le général Mobutu vient à son tour et se rend à l'Impala, tenant à féliciter personnellement tous les officiers français pour leur opération « si intelligemment montée et si brillamment exécutée ».

— Il reste encore des rebelles autour de Kolwezi, explique le capitaine Thomas, l'officier de renseignements. Des rebelles, interrogés, ont parlé de groupes relativement importants dans un rayon de dix kilomètres...

Ces renseignements se confirment dans la nuit, spontanément apportés par des civils zaïrois, débarrassés du fardeau de la peur et qui souhaitent ardemment retrouver la tranquillité. Les légionnaires savent que la population civile africaine a, tout autant que les Européens, payé un lourd tribut à l'invasion. Les charniers témoignent de la férocité des Katangais, décidés à s'imposer par la terreur.

Dans la nuit, le colonel Erulin et le lieutenant-colonel Bénézit mettent au point les détails d'une opération, projetée pour le lendemain, lundi 22 mai sur le village de Kapata, distant d'une dizaine de kilomètres dans le sud-ouest de Kolwezi.

— Moyens de transports ?

Erulin esquisse un geste d'impuissance, les véhicules organiques du régiment ne sont toujours pas arrivés sur place. Pas plus, d'ailleurs, que les sacs « B ». Depuis mercredi, tout le régiment crapahute et dort dans les treillis d'exercice froissés, sales, raides de sueur...

— La Gécamines dispose d'un parc automobile suffisant.

Bénézit pense aux célèbres taxis de la Marne, palliant les insuffisances du train. Ici, ce seront les Magirus qui serviront, ou les voitures abandonnées ici ou là par les Européens évacués.

— La plupart des compagnies sont motorisées, ajoute le capitaine Thomas : la 3 m'a même fourni une Mercédès.

— Je sais, réplique le colonel Erulin. D'ailleurs j'ai même remarqué que le lieutenant Bourgain s'était attribué le corbillard. De l'humour noir...

La 3 a été regroupée au cercle hippique « Le Bridon » à deux cents mètres de l'Impala, en bordure de ce qui a été, vendredi dans la soirée, la zone de saut de la première vague.

En y arrivant, le spectacle qu'elle a découvert lui a fait

oublier, pour quelques minutes, toutes les atrocités rencontrées depuis quarante-huit heures. En cette soirée paisible de dimanche, dans le silence qui plane sur Kolwezi déserte, « Le Bridon » ressemble à quelque coin paisible de Normandie où gambadent une soixantaine de chevaux de selle en toute liberté, insouciants du drame qui les a frôlés durant huit jours. Et c'est à l'adjudant-chef Collette qu'ils doivent de ne pas être morts de soif et de faim. Quand il a sauté, jeudi soir, le vent l'a poussé au milieu des écuries, dans le hennissement des chevaux fous de terreur, enfermés sans soins depuis le 13 mai.

Emu par la détresse de ces pauvres animaux, Collette, chez lequel vingt ans de Légion n'ont pas émoussé la tendresse, s'est reconverti pour quelques instants en palefrenier bénévole.

Plus soucieux en cet instant du sort des chevaux que de sa propre sécurité, il a ouvert les stalles et répandu dans les mangeoires quelques sacs d'avoine. Dans un coin, un poulain encore humide tremblait de tous ses membres. Effrayée par les avions, le parachutage et les rafales, la jument de M. Forrest venait de mettre bas.

— Cinq minutes plus tôt, et j'étais obligé de jouer les vétérinaires-accoucheurs...

Couchés sur les pelouses, après s'être douchés à pleins seaux d'eau, les légionnaires de la 3 récupèrent un peu, en regardant caracoler les chevaux. Ils sont magnifiques. D'autres légionnaires, plus prosaïques, se passent quelques bonnes bouteilles découvertes dans les caves du club.

Mais le repos est de courte durée. A l'aube, reposés, l'œil vif et le teint frais, la compagnie du capitaine Gausserès roule à bonne allure en direction de son objectif, les lisières sud de Kapata qu'elle est chargée de boucler. Dans le même temps, la compagnie du capitaine Poulet (Vert) effectue un mouvement dans la même direction, elle doit assurer le bouclage au nord. La 4 ferme la marche, Grail fouillera le village de Kapata proprement dit.

Bourgain roule en tête de sa section. Il a abandonné son corbillard pour une Mercédès bleue prêtée par la section de commandement. Son chauffeur mène un train d'enfer. C'est un conducteur enthousiaste.

Brusquement, deux impacts étoilent le pare-brise.

Devant la Mercédès, en plein milieu de la piste, deux rebelles ont ouvert le feu.

— Accélère ! crie Bourgain au chauffeur.

La Mercédès cueille les adversaires, les culbute, tués net.

Mais ces deux hommes n'étaient pas seuls. D'autres coups de feu se font entendre et la poursuite s'engage, hors de la piste, à travers les hautes herbes. Deux autres Katangais se révèlent, mais ils ne font pas le poids. Quelques rafales les abattent. Toute la section participe à ce safari d'un nouveau genre où le gibier pourtant ne se laisse pas faire et fait front parfois dangereusement. Le caporal Breton est atteint au bras. Le légionnaire Krüger a le casque traversé par une balle.

A midi, les légionnaires découvrent dix camions de la Gécamines, chargés d'armes que les rebelles tentaient de ramener en Angola. Une fausse manœuvre des chauffeurs, sans doute des novices, les a embourbés, les uns derrière les autres. Les légionnaires n'ont plus qu'à faire l'inventaire. Et le bilan du régiment s'enrichit ainsi de deux canons, deux mortiers, huit postes radio américains tout neufs, dix mitrailleuses et soixante armes individuelles, sans compter un nombre important de caisses de munitions et d'obus.

Le lendemain, 23 mai, une nouvelle opération est montée par le bureau opérations. Il s'agit de fouiller le village de Luilu que des renseignements disent être occupé par une vingtaine de rebelles.

Pour les compagnies, c'est presque de la routine. A l'aube, trois compagnies prennent la piste. Arrivées sur l'objectif, comme la veille, deux d'entre elles se postent en embuscade sur les axes possibles de fuite, tandis que la dernière fouille les cases africaines.

A 16 h 30, le commandant de la compagnie passe un compte rendu négatif :

— N'avons rien trouvé.

— OK. Restez sur place pendant la nuit et tendez des embuscades tout autour de Luilu.

La mise en place à peine terminée, des coups de feu très nourris éclatent dans le secteur tenu par la 1re compagnie.

— Vert 3, annonce le lieutenant Puga, je me fais sérieusement allumer par un groupe important.

En fait, les Katangais ont été aussi surpris que les légionnaires. Ils se faufilaient à l'abri des herbes à éléphant quand ils sont venus buter sur la troisième section qui s'installait en bouclage.

Très vite, c'est un combat au corps à corps qui s'engage, au milieu des hautes herbes. On se fusille à bout portant, sans presque se voir. On tire sur des silhouettes furtives. Le légionnaire Clément pense avoir touché un adversaire. Il fonce, pour récupérer son arme. Il est abattu par un second ennemi qu'il n'avait pas vu.

Le combat va encore durer jusqu'à la nuit. La 3e section comptera un blessé de plus, le caporal Harte, qui mourra le lendemain des suites de ses blessures.

Le dernier mot restera pourtant aux légionnaires, ou plutôt au sergent-chef Varesano qui mettra un point final à l'affaire en bloquant la fuite des derniers rebelles qui laisseront six des leurs sur le terrain.

Cet engagement, très dur au regard des pertes subies, ne sera pas le dernier que mènera le régiment dans la région de Kolwezi. D'autres opérations auront lieu notamment à Kapata et du côté de Luilu. Le 2e REP recueillera des soldats des FAZ et même des fermiers belges qui avaient fui à l'arrivée des Tigres et se terraient depuis dans la brousse [1].

Quelques jours plus tard, les légionnaires seront rapatriés sur Lubumbashi. Ils s'y distingueront une dernière fois, d'une manière qui n'appartient qu'à eux.

L'hôpital manque de sang pour soigner les nombreux blessés qui y ont été amenés. Par tradition ou superstition, les militaires zaïrois refusent de donner le leur :

— Ça nous enlève un « morceau de la vie », disent-ils pour expliquer leur refus.

Les médecins alertent Morcillo, le toubib adjoint du REP, qui raconte l'histoire à la popote. La réaction est immédiate :

— Le 2e REP est volontaire. Au complet.

Il faudra deux jours au médecin-capitaine Morcillo et à son collègue civil, le docteur Boucheix, pour mener l'opération à son terme.

---

1. Voir les cartes, p. 210.

II

LUBUMBASHI

Mardi 6 juin. 10 heures du matin.

Dire que le soleil brille serait bien faible. Il explose. Dans un ciel d'un bleu intense, il se déverse sur la ville, noyant dans un flot de lumière d'un roux doré les avenues de Lubumbashi bordées de jacarandas et de flamboyants, ces platanes africains.

La ville est en ébullition. Toute la population est dans la rue. Elle coule, comme ruisseaux à la fonte des neiges, vers le centre, s'agglutine sur la place du 30-Juin où, tout à l'heure, passeront les légionnaires.

Pour le moment, ceux-ci sont encore dans leurs cantonnements de compagnies, aux quatre coins de Lubumbashi. Ils astiquent chaussures et tenues camouflées, nettoient l'acier de leurs armes. Discipline oblige, ils mettent autant d'ardeur à soigner leur présentation qu'à se battre. Soldats de métier, ils font tout avec une conscience professionnelle poussée vers la perfection.

Les plus ardents sont peut-être ceux de la section d'éclairage et de reconnaissance du capitaine Halbert. Eux savent exactement ce que la population attend d'eux.

Ils sont rentrés hier soir d'une tournée de plusieurs jours qui les a menés de Kolwezi à Kipushi, sur la frontière zambienne. Partout, ils ont reçu un accueil délirant, défilant sous les vivats d'une foule en liesse, Zaïrois et Européens mêlés.

Le but de cette « opération psychologique » était d'apporter à la population le réconfort d'une présence militaire et de montrer que le danger était écarté.

Après la prise de Kolwezi, la terreur s'était insidieusement glissée dans toute la province du Shaba. Les autorités civiles réclamaient protection et assistance. Les plus folles rumeurs couraient, propagées parfois par les hauts fonctionnaires eux-mêmes : n'avait-on pas entendu le consul de Zambie en personne affirmer d'un air important que trois bataillons rebelles circulaient encore dans les environs, affublés de noms symboliques : les « Eléphants », les « Lions », les « Diables » ?

Jusqu'à Kinshasa, on redoutait une incursion katangaise. Une psychose collective était née, de celles qui engendrent les paniques les plus folles et les exodes les plus extravagants. Pour donner le change, certains Européens expliquaient qu'ils avaient envoyé femmes et enfants en vacances, avec « seulement » un peu d'avance. Personne n'était dupe, les officiers du REP en particulier.

Il fallait faire quelque chose. Montrer que l'orage était passé. Prouver que la sécurité revenait.

C'est pourquoi, le 23 mai, le colonel Erulin avait décidé d'envoyer en « tournée d'apaisement » dans tout le Shaba la plus prestigieuse de ses unités, la fameuse section d'éclairage et de reconnaissance, cette SER qui s'était distinguée le 20 à Métal-Shaba, avec ses chuteurs opérationnels et son patron, le capitaine Halbert. A la tête de ce détachement, il avait désigné le capitaine Legrand.

Legrand, un chanceux. Lors du parachutage, le 19 mai, il avait exécuté l'une des plus belles « cascades » du régiment. Tombé sur le toit de tôle d'une maison du club hippique, rebondissant comme une balle, il avait réussi à passer à travers des tubes horizontaux destinés à recevoir des « canisses », pour atterrir sur le sol en ciment d'une courette, après un roulé-boulé impeccable. Sans une égratignure. Sans même une bosse.

Calme, maître de lui en toutes circonstances, Bernard Legrand était tout indiqué pour prendre la tête du détachement. Au départ, les légionnaires partaient « dans le brouillard ». On ne savait pas exactement quelle était la situation dans la région dont certaines zones pouvaient passer pour peu sûres en raison de leur proximité de la frontière zambienne ou angolaise.

Au départ donc, prudence et circonspection.

Il n'avait pas fallu longtemps pour changer d'attitude. Dès Likasi, sur la route de Lubumbashi, Legrand et Halbert étaient fixés. Leur reconnaissance devenait une tournée triomphale. Sur le bord de la route, tout au long de la grande avenue qui traversait la ville de part en part, la population était là, exubérante et chaleureuse. Les enfants tapaient dans leurs mains. Les adultes levaient les bras ou applaudissaient. Une explosion de vie, de joie, de couleurs et de bruits.

— C'est la Libération ! avait glissé Legrand à son voisin.

— J'en sais rien, j'y étais pas : j'étais trop jeune...

— Moi aussi. Mais j'imagine que ce devait être un peu ça.

En recevant le compte rendu de la « libération » de Likasi, le colonel Erulin avait eu un sourire.

— Si on continuait ? avait-il proposé au colonel Gras.

Gras avait approuvé, sans hésiter. Si la Légion recevait un tel triomphe, elle l'avait bien mérité. Et, de plus, Gras sentait qu'une partie de ces bravos lui étaient adressés, par légionnaires interposés. C'était sa récompense à lui. Elle le payait de toutes ses peines, de toutes ses angoisses, de tous ses efforts.

Legrand et Halbert avaient « poussé » jusqu'à Lubumbashi. La « capitale du cuivre » s'était surpassée, s'enflammant avec autant d'excès qu'elle avait été, la veille encore, près de céder à la panique. La seule vue de ces quelque trente bérets verts, des hommes solides et sûrs d'eux, avait délivré Européens et Zaïrois de toute crainte.

Les correspondants de presse du monde entier leur faisaient escorte, sceptiques professionnels rendant compte dans leurs articles de cette marche au triomphe en des termes dithyrambiques qui devaient étonner leurs salles de rédaction.

La SER avait ensuite poursuivi sa route jusqu'à Kipushi. Elle était rentrée à Lubumbashi, à temps pour être présente au défilé final.

Dans son PC, à la synagogue, le colonel Erulin regardait, avec une certaine nostalgie, les secrétaires de son petit état-major particulier qui bouclaient les cantines, roulaient cartes et calques, classaient graphiques et états de toute sorte. Il savait que dans quelques semaines, il passerait la main, confiant sa succession à son camarade, le colonel Roué. Son temps de commandement était terminé.

— Vous avez réussi une belle sortie, lui dit le colonel Gras.

Erulin opine, sans répondre. Sa mission s'achève. Depuis quelques jours, les détachements militaires de diverses armées africaines prennent le relai. Ils commencent à débarquer des C 130 et des Galaxy de l'US Air Force qui assure le transport avec cette précision admirable et impressionnante de la machine américaine.

Déjà, sur l'aéroport, la vedette préférée des journalistes est le dispatcher, un colosse impavide et omniprésent, colonel de son état, débardeur à l'occasion, dont le petit chapeau cabossé en tissu camouflé fait le bonheur des photographes.

Le 2e REP a encore un petit tour de piste à accomplir avant de s'en aller. Erulin sait que les Zaïrois ont insisté pour garder le régiment. Quelques jours plus tôt, à Kolwezi, le général Mobutu, en s'adressant à lui, l'a tutoyé en public, le traitant comme l'un des siens :

— Toi, lui a-t-il dit, tu restes...

Cela ressemblait à une évidence. Ce n'était qu'un vœu. Un vœu impossible à combler. Le président français a décidé de rapatrier les légionnaires. Une sage décision. Il ne fallait pas laisser ternir un succès aussi éclatant par un enlisement décevant. Et s'il n'était pas souhaitable de fournir aux détracteurs de sa politique la possibilité de prétendre que la France poursuivait au Zaïre d'autres buts qu'humanitaires, il était tout autant nécessaire de laisser se concrétiser la solidarité africaine.

La décolonisation avait rendu l'Afrique aux Africains. C'était à eux qu'il appartenait à présent d'assurer la sécurité des personnes auxquelles ils confiaient leurs intérêts.

Rangés en carrés de compagnies, les légionnaires sont figés, impassibles, sous le soleil vertical. Ils se sont composé des visages de marbre, conscients des milliers de regards qui les fixent, les enveloppent. Jeunes guerriers victorieux, ils savent maintenant qu'ils ont fait davantage que de mener à bien la mission dont ils étaient chargés. Au-delà des années, ils ont assuré la continuation de la tradition. « More majorum », ils ont prouvé que ce n'était pas une formule morte. Ils ont prouvé qu'ils étaient dignes de l'héritage. Ceux qui avaient donné leur vie pour « ça » pouvaient vraiment dormir en paix.

En face d'eux, de part et d'autre de la tribune d'honneur, ils suivent du regard l'évolution de la parade à l'africaine donnée en leur honneur par le groupe d'animation, escorte personnelle du président Mobutu, des dizaines de jeunes gens d'une vingtaine d'années. Tous arborent une casquette, style « base-ball ». L'ébène des visages tranche harmonieusement sur le vert des costumes.

Tandis qu'une musique au rythme syncopé rappelant le folklore zaïrois accueille le président, les jeunes le saluent à leur manière. Les mains sur les hanches, le buste penché, les épaules rondes, ils se balancent en cadence avec cette élégante aisance des danseurs africains. Les garçons ont un uniforme vert pomme, les filles un boubou rayé ; sur leur visage à la dentition éclatante, toute la joie de vivre du monde.

Amusés et conquis, les légionnaires sont surpris par l'allure de cette étrange prise d'armes. Un spectacle insolite et charmant dont ils ont vite compris la portée. C'est un hommage personnel du général Mobutu qui a mobilisé, à leur intention, l'apparat de son escorte personnelle.

Soudain, le silence se fait. L'heure est aux discours. A la tribune officielle, prenant place devant son micro, le secrétaire d'Etat à la Défense et à la Sécurité du territoire, le général Eluki Monga Aundu vient de prendre la parole. Les haut-parleurs amplifient les mots, que la foule écoute, attentive, approuvant parfois d'un mouvement du buste qui fait comme des vagues sur la mer.

Citoyen Président-Fondateur du Mouvement Populaire de la Révolution, Président de la République et Commandant Suprême des FAZ.

En votre nom, vous me permettrez de prendre la parole en cette occasion solennelle de cérémonie de décoration de nos frères d'armes français du 2e REP, les Légionnaires de la République Française.

Votre présence ce jour, Mon Général, prouve à nous tous Zaïrois, au peuple français surtout et en particulier à son Président de la République, M. Valéry Giscard d'Estaing, l'importance que vous attachez à l'action de la France en faveur de la sécurité de notre grand pays et aussi en faveur de l'Afrique qui se veut être libre et authentique.

Ayant appris l'agression dont était l'objet notre pays une seconde fois en moins de deux ans par des forces rebelles venues d'Angola, via la Zambie, entraînées et encadrées par des Cubains, équipées et par la Russie et par l'Allemagne de l'Est, le Président Français n'a pas hésité un seul instant à répondre à votre appel pour nous expédier ses meilleures troupes les Légionnaires du 2e REP.

Ses meilleures troupes ? En entendant ces mots, le colonel Erulin a balayé du regard la formation impeccable de ses légionnaires figés dans leurs tenues de combat.

Puis il a croisé le signe de tête approbateur du colonel Gras, près de lui. Les deux hommes se sont compris. En quelques jours, la fraternité des armes a permis aux deux officiers de s'apprécier, de se découvrir la même passion, celle du service rendu. Ni l'un ni l'autre n'ont été avares de leurs peines. Ils se sont dépassés, se mettant sans réserve à la disposition de ce qu'ils considéraient être leur devoir.

Ils savent que, désormais rentrés dans l'ombre, leur mission consistera à servir. Le Zaïre continuera. Le 2e REP continuera. Peut-être sans eux. Ils leur souhaitent bonne route. Et bonne chance.

Au micro, le général Eluki achève son discours :

En votre nom, Citoyen Président-Fondateur du Mouvement Populaire de la Révolution, Président de la République et Commandant Suprême des Faz, nous rendons un hommage très mérité à la France et à ses vaillants Légionnaires.

Nos pensées très attristées sont tournées vers nos frères d'armes qui ont versé leur sang sur le sol zaïrois pour que vive libre le Grand Zaïre. Qu'ils reposent en paix, victimes du devoir ; mais qu'ils sachent que dans leur repos éternel, leurs actes de bravoure resteront gravés en lettres d'or dans nos cœurs.

Frères d'armes du 2e REP, vous voici honorés ce jour par la présence de la plus haute incarnation de la République du Zaïre, le Général de Corps d'Armée Mobutu Sese Seko.

Aujourd'hui plus qu'avant, le Zaïre, par son Chef, a tenu à vous faire entrer définitivement dans la légende, la légende de la force engagée pour la défense du monde libre, la force engagée dans la défense d'une Afrique qui se veut authentique dans un continent libre !

Ces phrases ont trouvé d'étranges résonances aux oreilles et dans le cœur de l'ambassadeur André Ross, installé dans la tribune officielle, à la place d'honneur. Lui aussi savoure l'hommage rendu aux légionnaires, sachant que c'est un peu sa victoire. Il revit en quelques secondes ces journées terribles durant lesquelles, à la pointe de l'action, il a été seul ou presque à se battre pour que cette journée-ci devienne possible.

Il est fier pour la France. Elle a réagi comme il le souhaitait, comme il l'espérait. Avec courage, avec loyauté, en prenant tous les risques.

Aujourd'hui, elle peut s'enorgueillir d'un bilan positif. La ville de Kolwezi a été libérée de la terreur, les Européens soustraits aux massacres et, au plan international, l'Occident semble avoir compris le danger que l'intervention soviéto-cubaine fait courir à l'Afrique.

Aujourd'hui, l'Amérique sort de sa mortelle torpeur et, condamnant à la fois Moscou et Cuba, elle montre qu'elle n'est plus indifférente aux soucis du monde encore libre.

Et quand le général Eluki s'écrie :

« Que vive la République française et son président !

« Que vive le 2e REP !

« Que vive le Zaïre dans le monde libre... »,

la clameur qui lui répond et déferle sur Lubumbashi prouve à André Ross combien il a eu raison de se battre.

— Ouvrez le ban !

Le commandement a claqué.

Les clairons ont lancé leurs notes allègres dans le soleil. Et la cérémonie de remise de décorations a commencé. Trois officiers supérieurs, cinq officiers subalternes, quatre sous-officiers ont été décorés symboliquement pour tous leurs camarades du 2e REP, qui recevront la croix de la bravoure militaire avec palme de bronze.

Il y a eu encore les accolades dans l'allégresse générale, la mise en place pour le défilé... et ce *Boudin* à l'africaine, appris en une nuit en leur honneur par la musique des Forces armées zaïroises...

Il y a eu tout cela et le pas lent des légionnaires qui a

résonné, impressionnant et grave, aux oreilles des Africains habitués aux rythmes vifs et aux manifestations bruyantes.

Le dernier rang s'éloigne, escorté d'une rumeur qui s'apaise. C'est fini.

André Ross a l'impression un peu poignante qu'une belle page est en train de tourner. Il vient de vivre l'une des heures les plus émouvantes de sa carrière de diplomate français : le discours à la gloire de la France, la citation de ses soldats, le défilé de la Légion, dernier cadeau des bérets verts. C'est l'honneur de nos armes.

Au loin, relayant la musique, les légionnaires ont entonné leur chant :

Demain, brandissant nos drapeaux,
En vainqueurs nous défilerons...

Oui, pense l'ambassadeur de France, ils sont vainqueurs ! André Ross se tourne vers sa femme, compagne discrète et présente aux heures les plus graves de sa vie. D'un geste furtif, Thérèse Ross essuyait une larme...

ANNEXES

ANNEXE N° 1

ETAT DES TUES ET DES BLESSES DU 2e REP PENDANT LES OPERATONS DE KOLWEZI (Mai 1978)

1°) - TUES :

Sergent-chef	DANIEL
Caporal	ARNOLD
Légionnaire	CLÉMENT
Caporal	HARTE
Caporal-chef	ALLIOUI

2°) - BLESSES :

Sgt	CABROL	2e Cie	C/C	SENEKOVIC	2e Cie
Cpl	OVACICK	2e Cie	Lég.	SEEGER	2e Cie
Cpl	PRUDENCE	4e Cie	Lég.	SORAL	1re Cie
Lég.	MARCO	1re Cie	Lég.	GILBERT	CCS
Cpl	PAIN	1re Cie	Lég.	RODRIGUEZ	3e Cie
Cpl	DALLET	2e Cie	Lég.	SVOBODA	3e Cie
Lég.	FORESTIER	3e Cie	Cpl	COURSON	3e Cie
Lt	RAYMOND	2e Cie	Lég.	DEMONT	CAE
Cpl	MUNOZ	CAE	Lég.	JAKOVIC	4e Cie
Lég.	BECKER	CAE	Cpl	BAREDA	2e Cie

ESTIMATION PAR LE 2 REP DES PERTES CIVILES ET MILITAIRES DANS L'AFFAIRE DE KOLWEZI, EN DATE DU 27 MAI 1978

	MILITAIRES		AUTOCHT.		EUROPÉENS		TOTAL
	H.	F.	H.	F.	H.	F.	
Ville	56		95	8	89	6	
Aérodrome	326		48		36		
	382		151		131		664

BILAN DE L'OPERATION « LEOPARD »

— Plus de 2 000 Européens sauvés d'une mort probable ;
— 250 rebelles tués ;
— 2 AML détruites ;
— plus de 1 000 armes de guerre récupérées dont 4 canons sans recul, 15 mortiers, 21 LRAC, 10 mitrailleuses, 38 fusils mitrailleurs.

ANNEXE N° 2

ETAT DES MILITAIRES FRANÇAIS D'ASSISTANCE TECHNIQUE DISPARUS A KOLWEZI DEPUIS LE 13 MAI 1978

(Vus pour la dernière fois à l'hôtel Impala à Kolwezi, cet officier et ces cinq sous-officiers auraient été tués par les Katangais selon certains, mais les rebelles ont déclaré les avoir emmenés en Angola comme otages.)

LAISSAC Jacques
Né le 17-07-1942 à Argenteuil (95). Marié, deux enfants.
Lieutenant d'active. Spécialiste ENTAC.
Au Zaïre depuis le 1er avril 1978, pour séjour de deux ans.

VAN NUVEL Pierre
Né le 11-05-1934 à Nice (06). Marié, deux enfants.
Adjudant-chef. Mécanicien AML.
Au Zaïre depuis le 18 juillet 1976, pour séjour de deux ans.

BIREAU Jacques
Né le 02-11-1942 à Albert (80), Marié, deux enfants.
Adjudant. Mécanicien armement AML.
Au Zaïre depuis le 7 janvier 1977.

GOMILLA Jacques
Né le 28-01-1947 à Mercadal (Baléares, Esp.). Marié.
Adjudant (TA). Mécanicien AML.
Au Zaïre depuis le 25 juin 1976, pour deux ans.

LAURENT Bernard
Né le 25-01-1942 à Siecq (79). Marié, trois enfants.
Adjudant. Mécanicien AML.
Au Zaïre depuis le 8 janvier 1977.

CESARIO Christian
Né le 01-07-1950 à Bizerte (Tunisie). Marié, deux enfants.
Adjudant. Electricien équipement hélicoptère.
Au Zaïre depuis le 25 juin 1977, pour deux ans.

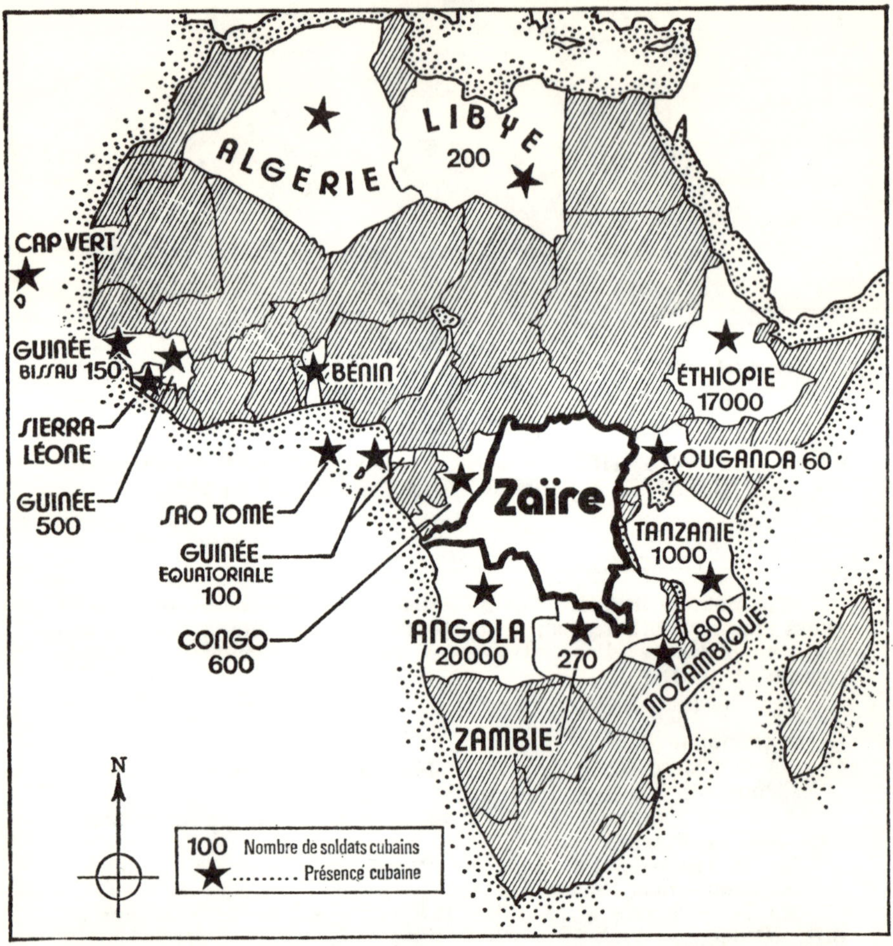

PRÉSENCE CUBAINE EN AFRIQUE

L'attaque du Shaba a mis en évidence le rôle joué en Afrique par les Cubains. La participation de soldats cubains à la prise de Kolwezi a été prouvée. Ils se sont repliés en Angola le jeudi 18 mai 1978.

Fidel Castro a déclaré, le 9 juin 1978 : « Soviétiques et Cubains, nous nous efforçons toujours de coopérer au maximum. »

Un comité permanent soviéto-cubain a été mis en place à La Havane. Y siègent notamment **Raul Castro**, le frère du président, le général **Enio Leyva**, vice-ministre de l'Intérieur, et **Carlos Rafael Rodriguez** du Service secret cubain.

Le général **Vassili Ivanovitch Petrov** coordonne les mouvements des troupes cubaines en Afrique. Le général **Serguei Sokolov** contrôle les opérations. Les renforts cubains sont aérotransportés de Cuba en Angola par des avions cargos Antonov.

ANNEXE N° 4

Le citoyen Sakombi Inongo, ami du président Mobutu, maire de Kinshasa et ancien commissaire d'Etat à l'Information, a bien voulu éclairer les lecteurs de ce livre sur la situation actuelle au Zaïre. Ce texte, bien entendu, n'engage que son auteur. Mais je tiens à le remercier d'apporter cette pièce importante au dossier de l'affaire du Shaba.

P.S.

LE ZAIRE FACE AUX DANGERS INTERIEURS ET EXTERIEURS

L'économie zaïroise est aujourd'hui mise à rude épreuve. D'aucuns lui ont attribué la majeure partie des difficultés politiques actuelles. Or, il est prouvé que les remous politiques au Zaïre ne sont jamais tout à fait la résultante d'une mauvaise gestion économique et d'un laxisme administratif, deux éléments fondamentaux sous d'autres cieux de la machine des coups d'Etat et de l'insurrection.

Depuis le 30 juin 1960, date de l'indépendance nationale, la situation intérieure et extérieure du Zaïre a été conditionnée par la lutte idéologique qui divise le monde en deux systèmes sociaux différents : le capitalisme et le socialisme.

Dans une sorte de mouvement dialectique, ces deux idéologies totalitaires se sont servies sur le plan intérieur des données objectives qui étaient à l'époque l'absence d'une structure nationale homogène, les grandes disparités entre les campagnes et les villes, l'existence de quelques pôles industriels au milieu d'énormes étendues inexploitées, la pénurie d'une main-d'œuvre qualifiée et sur le plan extérieur, elles ont cherché, à la faveur des blocs existants, à aspirer le Zaïre dans l'un ou l'autre giron international.

Entre 1960 et 1965, cette valse viennoise a permis d'accumuler les expériences tragiques : la sécession katangaise, la sécession du sud-Kasaï, les menées insurrectionnelles de 1963 à 1964 dans les régions septentrionales et méridionales du Zaïre. Tout le monde sait que la sécession katangaise a été financée et dirigée par la haute finance internationale tandis que les rébellions ont été largement alimentées par les puissances communistes, bible marxiste en main.

C'est donc de l'ingérence étrangère qu'a souffert, essentiellement, le Zaïre. A l'avènement du général Mobutu, son premier souci politique fut d'arracher le Zaïre à l'influence néfaste des blocs. Le meilleur moyen d'y parvenir a été pour le général visionnaire de promouvoir un nationalisme authentique basé sur les valeurs profondes du peuple et une politique extérieure basée sur le respect strict de la souveraineté des autres.

C'est ainsi qu'au Zaïre, on reconnaît les Etats et non les gouvernements. Cette politique de recours à l'authenticité et d'ouverture à d'autres nations a suscité en Occident un grand courant de sympathie dans la mesure où elle rejoint dans son essence les vertus humanistes de la tradition et de la cuture occidentales.

Malgré le caractère de plus en plus oligopolistique du capitalisme, l'Europe a depuis longtemps oublié ses « glorieuses » épopées coloniales.

Ce qui n'est pas le cas de l'autre puissance hégémonique qu'est l'Union soviétique. Non content de voir ses calculs et ses sournoises résolutions sombrer dans la défaite des bandes armées qu'elle avait organisées, les Soviétiques trouvent, dans la politique et le régime du général Mobutu, les remparts infranchissables qui les empêchent de conquérir l'Afrique et les sources des matières premières.

Le danger à l'intérieur du Zaïre serait, évidemment, que les Soviétiques parviennent à faire sauter ce verrou qu'est la conscience nationale en créant des foyers de tension ainsi que d'insécurité et en fomentant des divisions au sein de la population. Ce serait le retour au chaos de 1960 parce que aucun Zaïrois ne peut accepter à l'heure actuelle d'accéder à des valeurs dont l'excellence lui échappe.

Le Mouvement populaire de la révolution est si implanté qu'il a habitué les Zaïrois à penser par eux-mêmes.

On s'en aperçoit dans la manière dont ils font fonctionner leurs institutions politiques. Au sein d'un parti unique, il y a pourtant place pour les discussions âpres où s'affrontent des points de vue opposés.

Mais, le dernier mot revient à la majorité. Ce n'est pas la liberté marxiste qui subordonne les volontés individuelles à un appareil, où tout sens humaniste est exclu au nom de l'intérêt supérieur de l'Etat.

Quand on s'y intéresse, on découvre un monde profondément humain où les oppositions s'estompent pour laisser place à la juxtaposition. C'est cet édifice patiemment construit que les Soviétiques et leurs alliés veulent détruire.

Venant de l'extérieur, le danger est certain parce qu'en voulant renverser le général Mobutu, on vise tous les autres chefs d'Etat africains qui refusent l'inféodation idéologique.

En brisant la souveraineté du Zaïre ils gagnent une marge de manœuvre suffisante pour créer une zone tampon jusqu'en Afrique australe dans la perspective de barrer à l'Occident la route du cap de Bonne-Espérance. Ce danger est très grave parce que le bouleversement géopolitique qui s'ensuivra permettra aux Soviétiques d'accéder aux sources des matières premières, mettant ainsi en péril l'économie occidentale.

N'oubliez jamais ce mot fameux de Lénine : « Il suffit que nous ayons l'Afrique, pour avoir sûrement l'Europe, partant le monde. »

A Kinshasa, le 10 juin 1978,

Sakombi INONGO,
commissaire urbain
de la ville de Kinshasa.

ANNEXE N° 5

CITATION DU 2e REP A L'ORDRE DE L'ARMEE POUR L'OPERATION KOLWEZI

« Magnifique régiment qui, depuis sa création en 1948, n'a cessé de s'illustrer au service de la France, partout où l'exigeait le soutien de la liberté et des intérêts nationaux.

« Opérant à six mille kilomètres de sa base sous l'énergique impulsion de son chef, le colonel Erulin, cette unité s'est assuré, en moins de quarante-huit heures, le contrôle de la région, sauvant la vie de plusieurs centaines de familles, notamment françaises.

« Par cette action courageuse et efficace qui s'inscrit dans la tradition des troupes aéroportées et de la Légion étrangère, combinant une mission humanitaire sans précédent avec une action militaire exemplaire, le 2e Régiment étranger de parachutistes a mérité, une nouvelle fois, la reconnaissance des armées et de la nation. »

ANNEXE N° 6

HISTORIQUE DU 2e REGIMENT ETRANGER DE PARACHUTISTES

Le deuxième Etranger de Parachutistes fut créé en Bataillon le 9 octobre 1948 à Sétif, et devint Régiment le 1er décembre 1955 à Philippeville.

Seul survivant des unités Parachutistes de la Légion, il est le dépositaire des traditions de ses glorieux prédécesseurs :

- *La Compagnie Parachutiste du 3e REI (Indochine 1948) ;*
- *le 1er Bataillon Etranger de Parachutistes (Indochine 1948-1954), devenu en 1955 le 1er Régiment Etranger de Parachutistes et dissous en 1961 ;*
- *le 3e Bataillon Etranger de Parachutistes, créé en 1940 et dissous en 1955.*

Trois mois après sa création, le 2e BEP s'embarque pour l'Indochine. Jusqu'en octobre 1950, il assure le maintien de la paix au Cambodge.

Puis recevant les éléments du 1er BEP, survivant aux drames de Cao-Bang et de Lang-Son, il prend au Tonkin la place de son aîné jusqu'en juillet 1951.

Après un court séjour en Annam, c'est le pays Thaï qui le voit sauter sur les arrières des rebelles encerclant Nghia Lo.

Ce sont ensuite les allées et venues incessantes du nord au sud de l'Indochine, de l'ouest à l'est du delta du Tonkin, ponctuées de coups de main audacieux.

Les cinq citations du Bataillon pendant cette période résument, mieux que tous les récits, l'héroïsme des légionnaires.

Couronnement d'une épopée magnifique, les 9 et 10 avril 1954, le 2e BEP est largué au-dessus du camp retranché de Diên Biên Phu qui déjà agonise.

Ce sera pendant vingt-sept jours et vingt-sept nuits un combat continuel dans des conditions de cauchemar. Le 7 mai, le combat cesse et les rares survivants du Bataillon de Marche Etranger de

Parachutistes, qui, le 25 avril, avait rassemblé les restes des 1er et 2e BEP, s'en vont vers la captivité.

Le 25 mai, le 2e BEP voit à nouveau le jour, formé grâce à des renforts importants venant du 3e BEP qui s'ajoutent aux rares éléments échappés au massacre ou à la détention.

Jusqu'à son départ pour l'Algérie, le 1er novembre 1955, le 2e BEP connaîtra dans le Sud-Viêt-nam une vie monotone, après un dernier accrochage le 30 juillet.

Le 1er décembre 1955, incorporant les éléments du 3e BEP dissous, le 2e BEP devient 2e Régiment Etranger de Parachutistes.

Dès le 5 janvier 1956, le nouveau régiment accroche les rebelles ; son premier « Camerone » est marqué par de durs combats dans la région du Douar Ouled Fathma.

Le 5 juin 1956, le Régiment reçoit son drapeau.

De 1956 à 1962, le 2e REP multiplie ses efforts dans tous les secteurs de l'Algérie.

En sept ans, plus de 4 000 rebelles sont mis hors de combat, près de 2 000 armes tombent entre ses mains.

38 croix de la Légion d'honneur,

352 médailles militaires,

2 386 citations,

récompensent les officiers, sous-officiers et légionnaires de ce régiment, « dont la part a été prééminente dans toutes les opérations auxquelles il a participé » (général Gilles).

Après le « Cessez-le-feu », le régiment se regroupe à Bou-Sfer, le 16 septembre 1962, où tout en participant à la défense de la base de Mers-el-Kébir, il se prépare activement aux futures missions qui pourraient lui être confiées.

C'ést enfin le départ d'Afrique après onze ans de campagne et de présence ininterrompue sur ce territoire.

Depuis juin 1967, le 2e REP est stationné en Corse, à Calvi, où il a repris son entraînement aéroporté, complété par des stages de spécialisation, en particulier amphibies et de montagne.

Le 1er juillet 1967, il est rattaché à la 11e Division, et le 1er mai 1968, il prend place au sein de la 25e Brigade aéroportée.

Il participe ainsi aux missions de la Division et à ce titre, voit ses éléments effectuer des reconnaissances, des manœuvres ou des séjours tant sur le territoire métropolitain que dans les pays d'outre-mer.

ANNEXE N° 7

CHEFS DE CORPS AYANT SUCCESSIVEMENT COMMANDE LE 2e BEP QUI DEVIENDRA LE 2e REP, LE 1er DECEMBRE 1955

1948	Chef de Bataillon	SOLNON
1950	Capitaine	DUSSERT
1950-1952	Chef de Bataillon	RAFFALI
1952-1953	Chef de Bataillon	BLOCH
1953	(Intérim) Capitaine	MERGLEN
1953-1954	Chef de Bataillon	LIESENFELT
1954	(Intérim) Chef de Bataillon	VIAL
1954-1955	Chef de Bataillon	MASSELOT
1955-1957	Lieutenant-colonel	DE VISMES
1957-1959	Colonel	LEFORT
1959-1961	Lieutenant-colonel	DARMUZAI
1961-1963	Colonel	CHENEL
1963-1965	Lieutenant-colonel	CAILLAUD
1965-1967	Lieutenant-colonel	ARNAUD DE FOÏARD
1967-1970	Colonel	LACAZE
1970-1972	Colonel	DUPOUX
1972-1974	Colonel	GOUPIL
1974-1976	Colonel	BRETT
1976-1978	Colonel	ERULIN

ORGANIGRAMME ACTUEL DU 2e REP

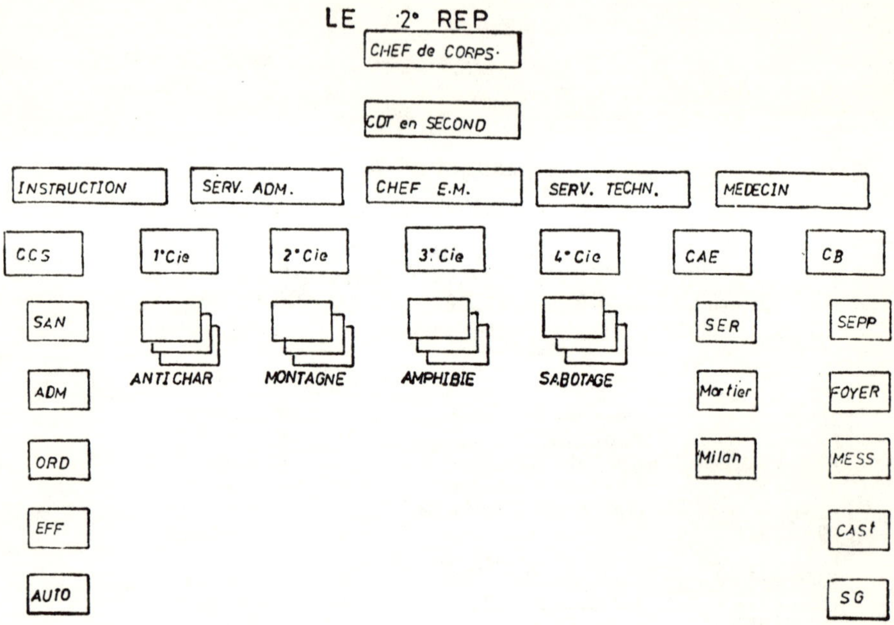

LE CHANT DU 2e REP

LA LEGION MARCHE

Nous sommes les hommes des troupes d'assaut,
Soldats de la vieille Légion,
Demain brandissant nos Drapeaux,
En vainqueurs nous défilerons,
Nous n'avons pas seulement des armes,
Mais le diable marche avec nous.
Ha, ha, ha, ha, ha, ha, car nos aînés de la Légion
Se battant là-bas nous emboîtons le pas

La Légion marche, vers le front
En chantant nous suivons,
Héritiers de nos traditions,
Nous sommes avec elles.

Pour ce destin de chevalier,
Honneur, Fidélité,
Nous sommes fiers d'appartenir
Au 2e REP.

TABLES

TABLE DES CARTES

TABLE DES MATIERES

ACHEVÉ D'IMPRIMER LE 20 SEPTEMBRE 1978
SUR LES PRESSES DE L'IMPRIMERIE HÉRISSEY
POUR LE COMPTE DE FRANCE LOISIRS
75015 — PARIS

Imprimé en France

N° d'édition : 3892 — N° d'impression : 22377
Dépôt légal : 4e trimestre 1978